QUANDO A MÁSCARA CAI

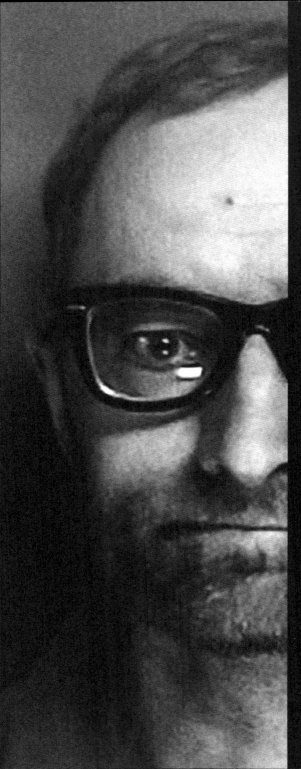

WALTER KIRN

Quando a máscara cai
A verdadeira história do homem que fingiu ser um Rockefeller

Tradução
Sergio Tellaroli

Copyright © 2014 by Walter Kirn
Todos os direitos reservados.

Grafia atualizada segundo o Acordo Ortográfico da Língua Portuguesa de 1990, que entrou em vigor no Brasil em 2009.

Título original
Blood Will Out: The True Story of a Murder, a Mystery, and a Masquerade

Capa
Claudia Espínola de Carvalho

Foto de capa e p. 2
Polícia de Boston via Getty Images

Preparação
Cláudia Cantarim

Revisão
Valquíria Della Pozza
Mariana Zanini

Dados Internacionais de Catalogação na Publicação (CIP)
(Câmara Brasileira do Livro, SP, Brasil)

Kirn, Walter
    Quando a máscara cai : A verdadeira história do homem que fingiu ser um Rockefeller / Walter Kirn ; tradução Sergio Tellaroli — 1ª ed. — São Paulo : Companhia das Letras, 2015.

    Título original: Blood Will Out ; The Thue Story of a Murder, a Mystery, and a Masquerade.

    ISBN 978-85-359-2585-2

    1. Assassinos — Estudo de casos — Estados Unidos   2. Impostores e impostura — Estados Unidos — Estudo de casos I. Título.

15-02019   CDD-364.152309223

Índice para catálogo sistemático:
1. Assassinos : Estados Unidos ; Estudo de casos   364.152309223

[2015]
Todos os direitos desta edição reservados à
EDITORA SCHWARCZ S.A.
Rua Bandeira Paulista, 702, cj. 32
04532-002 — São Paulo — SP
Telefone: (11) 3707-3500
Fax: (11) 3707-3501
www.companhiadasletras.com.br
www.blogdacompanhia.com.br

*Para Amanda Fortini, meu amor,
e em memória de minha mãe, Millie Kirn*

Ele era versátil e o mundo era grande!
Patricia Highsmith, *O talentoso Ripley*

Um escritor que não está escrevendo é, na prática, um maníaco encerrado em si mesmo.
F. Scott Fitzgerald

1.

Naquele momento, me pareceu um gesto nobre, e eu estava a fim de uma aventura. No verão em que minha mulher estava grávida de nosso primeiro filho e o presidente Clinton deslizava rumo a um impeachment, me ofereci para levar de carro um cachorro aleijado de Montana — onde ficava a minha casa e onde benfeitores da Humane Society local cuidavam dele — até o apartamento nova-iorquino de um jovem rico, um Rockefeller, que havia adotado o bicho pela internet.

O nome dele era Clark, e nós nos conhecemos por telefone. Fiz a ligação como um favor a minha mulher, Maggie, presidente da Humane Society, que tentava ajudar Harry e Mary Piper, o casal que resgatara a pobre criatura depois de ela ter sido atropelada por um carro. Os dois pagaram a cirurgia que salvou a vida do animal — uma cadela —, arranjaram-lhe um tratamento alternativo chamado Reiki e a ensinaram a usar uma cadeira de rodas cujos pneus faziam as vezes das patas traseiras, paralisadas. Herdeiros de um banco de Minnesota e devotos da Igreja Episcopal (Mary se preparava para se tornar pastora), os Piper haviam nos convidado para jantar, a mim e a Maggie, e falado sobre sua dificuldade para levar a cadela até a Costa Leste. Devido à condição delicada em que ela se encontrava, tinham receio de confiá-la a um voo comercial normal, e, embora Clark tivesse dito que possuía um jato particular, a aeronave, segundo ele, estava na China com sua mulher, Sandra, consultora internacional de negócios. Ao ouvir aquilo, ofereci-me como intermediário, em parte numa tentativa de mitigar minha consciência pesada. Isso porque, alguns meses antes, eu atropelara e matara com minha caminhonete um dos cachorros sob a proteção de Maggie. Mas outra razão, bem diferente, me levava a querer falar com Clark: eu era um escritor e, mais importante que isso, um escritor entre um livro e outro. Meu palpite era de que iria conhecer uma nova personagem.

 Clark deu início à nossa primeira conversa telefônica contando-me a história da adoção. Disse que ficara sabendo da cachorra, cujo nome era Shelby, por intermédio de um site que se dedicava a encontrar novos donos para cães abandonados da raça setter gordon, elogiada por ele por sua ligação com a realeza britânica e pelo temperamento saltitante e entusiástico. Soube de imediato que queria a cadela para si, disse, e desde então vinha trocando e-mails com os Piper, na tentativa de convencê-los de que ela deveria ser sua. O prédio onde morava ficava a apenas um quarteirão do Central Park, o que significava que Shelby teria espaço suficiente para se exercitar e "caçar esquilos pela manhã". Além disso, acrescentou, no apartamento logo abaixo do seu morava um "dos melhores veterinários acupunturistas" de Manhattan, com quem já havia inclusive trocado ideias sobre o bichinho. Sentia-se confiante de que, com a ajuda do vizinho, Shelby se recuperaria por completo.

 — Infelizmente, isso é pouco provável — disse-lhe. — A espinha dela foi esmagada. Não sei se você sabe, mas é possível que, antes de ser atropelada, ela tenha levado um tiro.

 — Você já se tratou com acupuntura?

— Bom, não, nunca — balbuciei.

— Então você desconhece a magia de que ela é capaz.

A conversa telefônica durou mais de uma hora e arruinou meu dia. Naquela manhã, eu tinha de entregar uma matéria para a revista *Time*. Por isso, em meu pequeno escritório localizado em cima de uma loja de roupas de caubói, eu trabalhava na transformação de um amontoado de anotações ainda cruas, produzidas por vários correspondentes freelancers espalhados pelo país, em um artigo inteligível sobre algum tópico de sociologia barata — violência na TV, filhos de pais divorciados ou coisa do tipo. Era assunto que seria difícil tratar em cem páginas, mas do qual eu tinha de dar conta em apenas quatro. Não gostava muito daquele trabalho, porém, à época, eu precisava desesperadamente de dinheiro porque tinha acabado de contrair um empréstimo de meio milhão de dólares para comprar uma fazenda de cerca de duzentos hectares, dezesseis quilômetros ao norte da cidade de Livingston, uma propriedade situada "à sombra das Crazy Mountains", nas palavras de um poético corretor de imóveis. O lugar era uma pitoresca ruína de cercas despencando, pastagens exauridas e currais aos pedaços, com seus campos de feno irrigados por canais rasos, crivados de tocas de cascavéis e buracos feitos pelos texugos. A casa tinha uma cozinha com um vaso sanitário à vista, não muito longe da pia, e o andar de cima estava abandonado e havia sido lacrado com tábuas. Eu comprara a propriedade para realizar o sonho de levar uma vida autossuficiente no campo, mas estava descobrindo que pagar por ela implicaria trabalhar mais do que nunca e aceitar trabalhos bem mais medonhos do que eu era capaz de suportar. A parte mais assustadora disso tudo era que meu empréstimo — um contrato particular com o antigo dono da fazenda, um ortopedista de Billings — estipulava que eu poderia perder tudo, caso deixasse de efetuar o pagamento de uma única parcela mensal.

Clark foi quem mais falou durante nossa conversa telefônica. Contou-me um bocado sobre si mesmo e, sem poder ver seu rosto, era difícil dizer se estava falando a verdade, se não estava brincando ou exagerando. Disse que não havia feito o ensino médio, que colecionava arte moderna e que a achava feia: "Mero vômito sobre tela". Contou ainda que só comia pão feito por ele próprio e que tinha outro setter, chamado Yates, provido generosamente de refeições completas, constantes de três pratos e preparadas com ingredientes frescos por seu chef particular. Depois, pediu o número do meu fax para que pudesse me enviar as receitas.

— Você anota mesmo essas receitas? — perguntei.

— Meu pessoal faz isso — ele respondeu.

Enquanto eu aguardava o fax, bebendo café gelado à minha mesa de trabalho superlotada, e ignorava o insistente bipe do meu telefone (eram os editores da *Time* que tentavam falar comigo), perguntei a Clark o que ele fazia. Meu palpite era de que não fazia nada na vida.

— No momento, sou uma espécie de presidente freelancer de banco central — ele disse.

Pedi que me explicasse melhor.

— Imagine o montante total de dinheiro de um país como um lago ou um rio adiante de um dique. Pois eu sou o guardião desse dique. Eu decido quanta água deve passar pelas turbinas, a que velocidade e por quanto tempo. O truque é deixar passar água suficiente para alimentar e sustentar a agricultura do país, sem deixar que inunde e afogue a plantação.

— Para que países você faz isso? — perguntei.

— No momento? Para a Tailândia.

— É uma responsabilidade enorme.

— É divertido.

— E, antes da Tailândia, para que outros países?

— Isso é segredo.

— Não deve ser uma profissão comum.
— Foi a gente que inventou. Minha empresa, quero dizer, a Asterisk.

Ele falava numa espécie de staccato, com certo sotaque internacional, e de vez em quando se saía com palavras que pareciam adornar com um laço o que estava dizendo, como "outrora" ou "impropriedade". Imaginei que aquele seu comportamento peculiar fosse fruto de uma criação extremamente isolada. Lembrava-me de ter conhecido gente como ele na faculdade, em Princeton — excêntricos com pedigree, presunçosos que haviam estudado demais e falavam como se fossem primos de Katharine Hepburn. Eu, contudo, tinha sido criado no interior de Minnesota, em fazendas de laticínios que cheiravam a estrume, e nunca consegui me aproximar dessas pessoas. Seus clubes não me aceitavam, eu não praticava os mesmos esportes que elas e as achava um tanto repugnantes fisicamente, com seus cabelos que, tão cedo, já iam ficando ralos e sua pele delicada e rosada. Mais tarde, quando estudava em Oxford com uma bolsa de estudos, eu acabaria conseguindo me enturmar com seus equivalentes britânicos, até mesmo com o irmão mais novo da princesa Diana, mas somente porque, para eles, eu era novidade, uma diversão vulgar vinda do Novo Mundo. Quando saí de Oxford, ainda passei vários meses em Londres, fazendo trabalho de escritório para uma pequena firma de advocacia e barbarizando com uma rapaziada festeira e nobre. Na verdade, não conseguia acompanhá-la. As corridas de táxi, as contas nos bares... Acabei voltando para os Estados Unidos e arrumei emprego na *Vanity Fair*, onde escrevia manchetes engraçadinhas para matérias bobas sobre o estilista italiano que desenhava os vestidos de Nancy Reagan ou sobre as obras de caridade da mulher do Sting. O problema foi que meu chefe não gostava que eu ficasse em casa, em vez de me atirar na vida social, e, um ano depois, fui demitido.

Clark, no entanto, pareceu gostar de mim, e parecia querer também que eu gostasse dele. Quando o menu canino começou a surgir pouco a pouco no meu fax, fiquei convencido daquela sua avidez.

> 2 canecas de arroz integral recém-cozido
> 1 legume verde (normalmente abobrinha) ralado no processador
> 1 legume amarelo (em geral cenoura) ralado no processador
> 1 dente de alho moído
> 500 g a 1 kg de carne moída fresca
> ou 500 g a 1 kg de frango ou peru cozido e desfiado
> ou 1 lata de salmão
> algas em pó, 1 colher de sopa de levedura, um pouco de farinha de osso, 2 colheres de sopa de gérmen de trigo e um pouco de pólen

Ao ler aquele documento ensandecido e meticuloso, resolvi que, havendo oportunidade, queria conhecer Clark em carne e osso. Se não tentasse, estaria, como romancista, incorrendo em prática negligente da minha profissão.

Mas ele ainda não terminara de tentar me impressionar. Como se acreditasse que tal informação carimbaria suas credenciais como pai adotivo da cadela, contou-me a seguir que era vizinho de Tony Bennett e que, através das paredes, podia ouvi-lo ensaiar à noite. Disse-me que tinha diplomas de Harvard e Yale, onde estudara economia e matemática. Acrescentou que era capaz de encaixar a letra de qualquer canção que eu quisesse na melodia do tema de abertura de *A ilha dos birutas* e, a título de demonstração, pôs-se a entoar a letra de uma canção de Cole Porter. Depois, confidenciou-me ter ouvido de certas "fontes" que o príncipe Charles e a rainha tinham assassinado a princesa Diana com a ajuda de uma tropa de elite; ouvira também, em conversa com um amigo íntimo (o almirante da Sétima Frota), que a República Popular da China e os Estados

Unidos tinham acabado de assinar um acordo secreto que permitia aos comunistas invadir Taiwan quando bem entendessem, sem nenhuma oposição.

— É o grande tema do próximo século: o Lebensraum chinês — disse. — Estamos de volta à década de 1930, antes da guerra, e a coisa não vai acabar bem. Prepare-se, Walter, estou lhe avisando.

— Como? — perguntei.

— Pois é...

— Não, estou falando sério: me preparar como? Porque, para ser sincero, eu concordo com você, pelo menos em parte.

— A parte da China?

— Também vejo essa tendência a um conflito global.

— Olhe, logo, logo, vai acontecer o seguinte — Clark começou. — O Japão vai ser a porta de entrada do novo Império Chinês, cujo poder vai se expandir até a Austrália e a Nova Zelândia. Nós, como uma potência que encolheu, vamos recuar para o Havaí, e uma nova ordem tomará conta do hemisfério. Com o tempo, à medida que nos submetermos aos interesses do Oriente, seremos obrigados a renunciar a nossas alianças ocidentais. Na verdade, isso já está acontecendo. Só não foi ainda amplamente divulgado.

Quando comentei com ele que eu escrevia resenhas para a *New York Magazine*, Clark me contou que, poucos dias antes, ele próprio havia resenhado um livro pela primeira vez, na Amazon. Ainda ao telefone, mostrou-me como chegar ao texto e insistiu que eu o lesse de imediato, no computador. O livro em pauta era *Conversando com Deus*, e a resenha tinha por título "Sai da frente, L. Ron Hubbard, que lá vem Neale Donald Walsch", autor da obra em questão. O tom grandioso, crítico, superior, mal combinava com a prosa de segundanista de faculdade:

Neale Donald Walsch, um autor com claro complexo de superioridade, acredita ser o porta-voz de Deus em uma conversa imaginária recheada de "Eus" em maiúsculas [...]. Escrito em formato de perguntas e respostas, com palavras e frases que nem mesmo Hemingway seria capaz de encurtar, o livro deve atrair a atenção dos semiletrados. Sua filosofia do tipo "Faça o que você achar que é certo" há de oferecer a qualquer um justificativa suficiente para um estilo de vida baseado no amor livre da década de 1960. Na minha passagem preferida, à página 61, Deus afirma, por intermédio do sr. Walsch, que "Hitler foi para o céu".

— O livro parece ruim — comentei ao terminar de ler.
— Mas o que você achou da resenha?

Existem assuntos sobre os quais sou incapaz de mentir e, por isso, tentei ser diplomático:

— Bom, é vigorosa.

A conversa, então, finalmente se encaminhou para o problema da cachorra. Clark lamentou o fato de seu avião não estar disponível e deixou claro que não dirigia. Perguntou-me se Shelby não podia ser posta num trem, e eu lhe disse que o transporte por trem levaria dias e não era confiável. Isso se a companhia ferroviária realmente transportasse animais. Em seguida, dei a ideia de contratarmos um serviço de *courier*. Ofereci-me para procurar uma empresa do ramo, negociar um preço e tomar todas as providências necessárias.

— Acho que não vai funcionar — ele disse.

Perguntei-lhe por que não.

Clark me respondeu com uma enorme ladainha acerca de suas experiências ruins com "prestadores de serviços", desde encanadores gananciosos até empregadas desonestas. Era uma gente que fingia ter se machucado no trabalho, que entrava na Justiça, surrupiava objetos da herança familiar. Era uma vergonha. A sociedade havia mudado. As pessoas tinham perdido toda e qualquer noção de honra, pessoas de todos os níveis sociais, do mais alto ao mais baixo. Aliás, era a falta de integridade nos círculos mais elevados, no governo e sobretudo no empresariado, que mais o desanimava.

— Eu preferiria não utilizar os serviços de um estranho. Prefiro confiar a tarefa a um amigo — disse. — Para ser sincero, estou preocupado com a segurança.

Do lado de fora da minha janela, a menos de um quilômetro, um trem rangia e estrepitava ao atravessar a cidade, e de repente comecei a divagar. Eu levava uma vida estranha em Montana, resultado de muitas decisões igualmente estranhas. Oito anos antes, na primavera de 1990, eu me mudara de Nova York para fazer uma reportagem sobre uma seita religiosa que ali se preparava para o fim do mundo. A líder do grupo, uma mulher de meia-idade que dizia receber os espíritos de figuras lendárias como Buda, Sir Francis Bacon e Merlim, incitava seus seguidores a abandonar suas casas e a se mudar para um abrigo antibomba escavado no flanco de uma montanha. Comprei uma daquelas casas por um preço baixo (o fim do mundo é excelente motivação para vender um imóvel) porque pensava em usá-la como um refúgio onde pudesse escrever. Acabei ficando. Cinco anos mais tarde, outra atitude impulsiva: depois de dez meses de namoro, casei-me com Maggie, a filha de dezenove anos do escritor Thomas McGuane e da atriz Margot Kidder. Eu tinha 34 e fazia as coisas do meu jeito. Agora, passados três anos, esperávamos um filho e morávamos numa fazenda que eu havia comprado de impulso e não tinha ideia de como administrar.

— Não temos outra opção? — Clark perguntou.

Ele sabia que tínhamos. Como havia dito aos Piper no jantar da noite anterior, eu já tinha viajado de carro a Nova York em outra ocasião. Três anos antes, poucos meses após meu casamento, e me sentindo sufocado numa cidade de 7 mil habitantes escandalizados com o fato de eu ter me casado com uma adolescente, eu alugara um pequeno apartamento no Flower District de Manhattan. Além disso, precisava de uma folga da minha nova sogra, que, para ficar perto de Maggie, voltara a morar em Livingston, depois de ter vivido ali no auge da boemia caótica da cidade, nos anos 1970. O breve casamento de Margot com o pai de Maggie tinha sido um bizarro produto cultural da época, repleto de estimulantes e infidelidade. O retorno àquele cenário a desestabilizou. Alguns meses depois do meu casamento, ela teve um colapso nervoso durante uma visita a Los Angeles. Na tentativa de escapar de assassinos imaginários, Margot disparara pelo aeroporto, jogara longe a dentadura e a bolsa e só foi reaparecer dias depois num bairro pacato de Glendale, morando debaixo de uma cerca viva no quintal de um estranho, com boa parte dos cabelos picotada. Voltou, então, para Montana, a fim de repousar e recuperar o juízo. Quando me dei conta, estava sentada em nossa sala de estar, sendo entrevistada por Barbara Walters, cuja equipe e equipamento haviam me expulsado para os degraus da porta da frente, onde os vizinhos se aglomeravam em busca de um autógrafo da entrevistadora.

Eu não via a hora de sair daquele lugar. Carreguei minhas coisas no carro, enfiei Maggie num avião e me lancei pelas pradarias no meio de uma nevasca úmida e cinzenta que não cessou até que eu chegasse a Saint Paul, onde resolvi seguir viagem pelo Canadá, em vez de rumar para o sul e passar por Chicago. Só fui me acalmar já nas proximidades de Nova York. Por que eu não ficara em Manhattan?, me perguntava. E a resposta me veio à lembrança: porque não tinha dinheiro. Nova York tinha passado por uma faxina na minha ausência, e os preços dos imóveis dispararam. A epidemia de crack que grassava quando deixei a cidade tinha sido substituída pela de condomínios de luxo. Pior do que isso, meus velhos amigos de Princeton estavam ficando ricos, alguns deles graças aos apartamentos comprados naqueles mesmos condomínios, enquanto eu fugia às pressas para Montana. Suas roupas provinham de lojas nas quais eu não me sentia digno nem de entrar, e suas festas de casamento eram abrilhantadas por bandas que tinham gravado discos de verdade, discos que faziam sucesso. Antes de encerrar minha conversa com Clark, já me decidira a levar eu mesmo a cachorra. Foi preciso outra ligação para tratar dos detalhes, mas, quando ele me ofereceu uma "bela gratificação" como símbolo de sua "gratidão infinita", nós dois compreendemos quais seriam as bases daquela nova amizade: ele iria me encantar com suas canções engraçadas, seus menus caninos e com o acesso a um círculo que eu imaginara vedado para mim; e eu retribuiria com aquela lealdade complacente que escritores reservam a suas personagens prediletas — aquelas que, dizem, não conseguiríamos inventar.

2.

Se, primeiro, eu tivesse visto a cadela, talvez nunca tivesse conhecido Clark, talvez tivesse me recusado a fazer a viagem. O pelo dela era preto com manchas cor de ferrugem, e o corpo frágil, debilitado, era afilado como o de uma sereia. No dia em que fui buscá-la, ela estava deitada no chão da sala de estar dos Piper e olhava fixamente para nós com seus olhos úmidos e suplicantes, guarnecidos de cílios salpicados de poeira e caspa. Eu podia ver cada costela, cada calombo em sua coluna. O sentimento que ela despertou em mim não foi pena nem tristeza, mas uma espécie de repugnância primordial. Minha primeira reação foi me afastar dela, distanciar-me daquele espírito açoitado, extenuado e encarquilhado.

Em vez disso, me agachei e acariciei sua cabeça esquelética. Meu toque não pareceu lhe propiciar prazer nenhum. Ela apenas se encolheu; tremia, agressivamente ridícula, enquanto os Piper sorriam para ela, em sinal de radiante aprovação.

— Vamos sentir saudade da nossa "Shelbatron" — disse Harry.

Ao que parece, era uma referência à dependência dela da

cadeira de rodas canina. A esposa o consolou, enlaçando o braço em sua cintura:
— Saber que ela encontrou o lar perfeito já é uma grande ajuda.

Os Piper acreditavam que a sobrevivência de Shelby tinha sido obra do próprio Deus-Pai, auxiliado pelas orações na igreja. Eram apaixonados por cachorros, o que eu jamais seria. As pessoas que amam cachorros provêm de um antigo ramo da humanidade cujos cromossomos ainda se lembram de como era caçar e dormir com os animais. Para elas, cães são seres enviados do Paraíso para testar nossa capacidade de amar. O artigo sobre Shelby que Mary escreveu para o Gordon Setter Club of America (o artigo que, imagino, chamou a atenção de Clark) terminava com as seguintes palavras: "Sou grande fã da salvação, como está escrito nas Escrituras (os que não são religiosos, por favor, tenham um pouquinho de paciência): 'Não vos esqueçais da hospitalidade, porque por ela alguns, sem saber, hospedaram anjos'".

Harry era tão bondoso quanto sua esposa, talvez em razão de um trauma de infância. Seu pai tinha sido um dos sócios de uma grande empresa de corretagem, Piper, Jaffray & Hopwood, sediada em Minnesota, meu estado natal. E sua mãe, Virginia, figura famosa na sociedade de Minneapolis e Saint Paul, foi vítima do maior sequestro da história dos Estados Unidos, em termos do montante exigido como resgate. O crime jamais foi esclarecido. Conheci Harry quando ele me procurou para pedir opinião acerca do livro que escrevia sobre o sequestro, ocorrido em 1972, pouco antes do de Patty Hearst, que afastou o de Virginia das manchetes. Depois de pagar 1 milhão de dólares pela liberdade da mulher, o pai de Harry foi orientado pelos bandidos a se dirigir a um local secreto na floresta ao norte de Minnesota, onde ele e Harry, então um adolescente, encontraram Virginia amarrada ao tronco de uma árvore. A socialite bem-vestida e penteada que Harry conhecia de casa havia dado lugar a um animal selvagem e trêmulo envolto nas próprias fezes. Ele sentiu nojo e, depois, vergonha do nojo que sentira. Ver a mãe naquele estado de desalinho matizou o modo como passou a vê-la, contou-me, e ele tinha esperança de que o livro pudesse, de alguma forma, purgar sua consciência pesada.

 Antes de partir em uma viagem para a Costa Leste que, assim eu imaginava, duraria três dias (Maggie planejava pegar um avião e me encontrar lá, quando eu chegasse, não só porque queria conhecer Clark, que a intrigava, como também para aproveitar um fim de semana em Nova York antes que o dia previsto para o parto, em novembro, se aproximasse demais), eu tinha de aprender a pôr Shelby na cadeira de rodas. Com os braços, apanhei-a carinhosamente pela barriga e a carreguei no colo até o quintal. Através da pele, eu podia sentir o contorno dos órgãos — objetos esponjosos, levemente arredondados, que pareciam boiar soltos dentro de seu corpo. Era difícil saber de onde vinha aquela força tênue que a mantinha viva. O coração não batia, pulsava apenas, muito de leve, como um grilo saltando dentro de um saco de papel.

 A cadeira de rodas era uma geringonça com pernas de aranha, feita de algum tipo de metal leve, e equipada com diversas correias e tiras cuja função era manter no lugar a porção traseira e paralisada de Shelby, evitando que as patas arrastassem no chão ou entrassem em contato com os pneus. Como suas patas mais pareciam cordas que membros locomotores, encaixá-las naquele arreio era um desafio. Por fim, amarrei duas botinhas nela, duas bolsinhas de couro que deveriam proteger as patas traseiras, impedindo-as de se arrastar. O procedimento foi repetido, para que eu pudesse memorizá-lo e ensiná-lo a Clark.

 — Chegou a hora de a nossa menina se exibir — Harry disse.
— *Venha, Shelby!*

 A cadela saltou para a frente em sua armadura de metal. Os progressos iniciais aconteceram com facilidade. Era preciso apenas um pinguinho de força de vontade para fazer girar o eixo e as rodas raiadas. Então, a cadeira de rodas ganhou velocidade e entrou por uma descida, assustando Shelby com o impulso adquirido. Ela começou a se chacoalhar, como para se livrar do equipamento; cambaleava, ganiu por puro reflexo e se virou, como se quisesse morder aquela coisa. Harry foi acalmá-la, o que levou certo tempo. Quando ela parou de arquejar e tremer, ele se afastou e tornou a chamá-la.

Eu me senti mal. Todo aquele esforço parecia fadado ao fracasso. Harry havia dito que Shelby estava melhorando, que tinha feito um progresso e tanto, um progresso milagroso, mas aquela tremedeira me convenceu de que ela voltava a piorar. No bolso, eu carregava meu primeiro celular, comprado para informar tanto os Piper como Clark sobre o andamento da viagem. Será que eu devia ligar para Clark em Nova York e cancelar nosso acordo? Ele iria querer uma boa justificativa, talvez até ficasse zangado — tinha um jeito meio irritadiço, isso eu havia notado. Mas assim eram os ricos em geral. O que queriam, queriam na hora.

Harry e eu libertamos Shelby da cadeira de rodas e a erguemos até a cabine da caminhonete. A ajuda que ele me prestava era simbólica, como a de quem conduz um caixão — eu podia ter feito tudo sozinho —, e na verdade complicou a manobra, fazendo com que quase a derrubássemos. Quando ela já estava acomodada no banco e havia retomado sua deformidade natural, Harry se afastou e, por fim, caiu no choro. Mary baixou os olhos. Era difícil vê-lo chorar — um choro assustadoramente primordial e desfigurante, com motivações que transcendiam as atuais, ao que tudo indicava.

— Dirija com cuidado, por favor — ele pediu.
— Pode deixar. Sempre dirijo com cuidado.
— Pegou seu celular?
— Está aqui, no bolso da calça.

— Agora ela é do Clark — disse ele. — Shelbyzinha Rockefeller.

Harry, então, tirou do bolso da camisa um frasco de vidro com água do mar da Galileia. Pingou algumas gotas em Shelby, já no assento da caminhonete, e borrifou outras no capô. Na noite em que jantamos juntos, eu havia lhe contado a respeito do cachorro sob a proteção de Maggie, um vira-lata hiperativo e ossudo chamado Miles, que, naquela primavera, saltara para diante da minha caminhonete quando eu estava a caminho de um campo de feno. A cabeça de Miles surgiu um pouco acima do capô, a língua pendendo horrivelmente da boca aberta; então, ele desapareceu, seguindo-se um nítido estalo que eu pude sentir nas mãos ao volante. Brequei, dei marcha a ré, saltei da cabine e apanhei nos braços o corpo preto e arrebentado do animal. A viagem até a cidade com Miles atravessado no meu colo, estremecendo e se acabando, a vida e o espírito do cachorro se esvaindo, me deixou à espera de pesadelos que, estranhamente, nunca cheguei a ter. Preparei-me psicologicamente para eles, mas nunca os tive. Sua ausência foi um castigo sutil, que me negou o direito à catarse de que eu necessitava.

Depois do ritual com a água benta, Harry pediu que déssemos as mãos e fechássemos os olhos. Em sua ardorosa oração, rogou aos santos e anjos que protegessem a mim e a Shelby durante a viagem e que nos conduzissem em segurança a nosso destino; pediu também que os espíritos sorrissem para Clark, que o abençoassem com sabedoria, enchessem de amor seu coração e que, na condição de novo dono da cachorra, lhe conferissem o dom de curá-la.

Quando tornamos a abrir os olhos, eu estava liberado para seguir viagem.

Eu não estava em condições de fazer uma viagem tão longa. Durante toda a primavera e o início do verão, havia me desgastado em idas e vindas entre Livingston e Billings, a maior cidade de Montana. Eram viagens de quase duzentos quilômetros para cobrir para a *Time*, em matéria de capa, o consumo abusivo de metanfetamina. O fotógrafo que viajava comigo já havia coberto guerras, mas afirmava que Billings à noite era mais assustadora que o Zimbábue ou Beirute. Insisti em que mergulhássemos naquela atmosfera sombria e, por isso, nos hospedamos num hotel de beira de estrada com temática de faroeste cujos colchões finos ostentavam manchas marrons em forma de mapas. Seguíamos os viciados de bar em bar, acendíamos e reacendíamos seus cigarros tortos e ouvíamos suas imprecações ferozes e paranoicas contra microfones costurados a suas cabeças por extraterrestres e cidades subterrâneas povoadas por banqueiros judeus conspiradores. O fotógrafo tinha um rádio capaz de sintonizar a frequência da polícia que mantínhamos ligado dentro do carro, para que pudéssemos correr rumo às ocorrências relacionadas ao uso de drogas. Testemunhamos cenas de esfaqueamento em que as vítimas ainda sangravam e brigas de corrente entre moradores de trailers. No porta-luvas, eu levava um revólver carregado — segredo de macho que me conferia postura durona — e, no bolso do jeans, um frasco de Ritalina, remédio que às vezes usava, quando o prazo era curto para a entrega de um trabalho. Quando a Ritalina atingia minha corrente sanguínea, eu me sentia revigorado e competente, como um repórter da pesada num filme antigo; mas, assim que o efeito passava, ficava sensível e perdia a capacidade de concentração. O único antídoto era tomar outro comprimido, dissolvendo-o em uma lata de refrigerante para apressar o efeito. Desenvolvi, assim, grande tolerância tanto à Ritalina como ao Dr. Pepper, o refrigerante que eu usava.

Entre uma noite e outra de trabalho, eu brincava de fazendeiro. Pelejava com os instrumentos da agricultura ocidental — pás, cavadeiras e esticadores de arame. Gostava da fazenda. Como cresci no campo, nunca me dera bem nas cidades, pequenas ou grandes. Paisagens urbanas feitas de palavras e repletas de cuidados, promoção pessoal e grandes declarações me davam o que pensar, até mesmo dormindo. Nos velhos tempos, eu me valia da bebida para acalmar as coisas. Até que, numa viagem a Nova York em 1992, tomei meu último trago: uma dose dupla de vodca, depois de já ter ingerido dois comprimidos para dormir. Quando os comprimidos não produziram efeito imediato, decidi que não prestavam e que eu teria tempo de correr até um bar perto do hotel, ou seja, a uma distância que, assim julguei, me permitiria voltar para a cama, caso os comprimidos enfim começassem a fazer efeito. Calculei muito mal. Acordei num beco nos fundos de um restaurante chinês, coberto de grãos de arroz frito que achei que eram larvas. Aprendera minha lição, mas só sobre a bebida; os fármacos ainda teriam muito a me ensinar.

Maggie estava passando mal com a gravidez. Durante aquela primavera, ela rejeitou mais comida do que ingeriu e, além disso, parecia frustrada com o andamento da reforma feita por mim mesmo com o auxílio de dois ajudantes que contratara, um dos quais era um drogado desatento e senil, que perfurava paredes até atingir a fiação da casa e entupia o vaso sanitário quase toda vez que o usava. Já havíamos superado aquela fase em que o casal conversa sobre o bebê — como vai ser o quarto, com quem ele vai se parecer — e adentrado a outra, em que assiste ao noticiário na TV e se pergunta em silêncio por que resolveu ter um filho. Ou talvez só eu me perguntasse; enjoos à parte, Maggie parecia feliz. Mas meu medo de ser pai não era normal: em vez de liberar adrenalina, ele a sugava, produzindo uma fadiga que me deixava inerte, paralisado, como se me tivessem injetado plástico duro. Vez por outra, se tinha um artigo para escrever, eu tomava Ritalina no escritório ou em casa e, depois, um hipnótico para me dar sono. O hipnótico só surtia efeito durante algumas horas; então, eu acordava em um estado de sonambulismo e assaltava a cozinha, preparando estranhos mingaus de farinha com calda de panqueca que, na manhã seguinte, reencontraria nos pratos lambuzados. Outras vezes, o que encontrava ao acordar eram e-mails enviados a antigas namoradas e anotações, com erros de ortografia e sem nenhuma pontuação, para contos sombrios ambientados em lugares bizarros, incluindo, certa vez, um bordel no Ártico.

Minha última viagem a Billings havia sido particularmente angustiante. Fui me encontrar com uma fonte, uma viciada de vinte anos que abandonara o filho durante uma maratona de metanfetamina que durara três semanas, e, juntos, fomos até uma casa abandonada, onde ela e três amigos homens moravam (depois de a terem invadido), todos vivendo dos cheques que ela recebia da assistência social para sustentar o filho, embora a criança já estivesse em um abrigo para menores. Entrevistei-os na cozinha, praticamente vazia, à exceção de uma pirâmide feita de latas de cerveja arranjadas com precisão tão maníaca que nem mesmo um único feixe de luz as atravessava. A pilha, de mais de 1 metro de altura, ocupava o lugar da mesa. Os três foram solícitos no começo, porém as coisas começaram a degringolar quando pediram o cheque à garota, que alegou tê-lo perdido (ela havia me dito que o escondera na calcinha). Um dos rapazes despejou no chão o conteúdo da bolsa dela, enquanto outro subiu as escadas e voltou com um fuzil do tipo utilizado pelo Exército americano. Ele o apontou para mim e para meu fotógrafo e perguntou para quem nós trabalhávamos de verdade. Respondi que era para a *Time*. Mas quem era o dono da *Time*? Tentei explicar. A garota, então, começou a tentar acalmá-lo, o que permitiu que eu e meu fotógrafo escapássemos. Já no carro, fizemos um caminho tortuoso até o hotel; a Ritalina, no entanto, me convenceu de que tinham nos seguido.

Assustado demais para dormir, abri uma fresta na persiana e passei a noite toda vigiando o estacionamento.

Parei a caminhonete na saída da casa dos Piper. A meu lado, em uma plataforma de compensado que eu mesmo fizera e revestira de um cobertor verde, Shelby estava deitada com o focinho colado numa entrada de ar. À nossa frente, o imenso céu de Montana. Nuvens brancas amontoavam-se no azul arqueado do firmamento, e revelações monumentais pareciam à mão. Acendi um cigarro para me preparar para elas e peguei o caminho que conduzia à rodovia interestadual I-90, exalando a fumaça pelo vidro aberto do meu lado. Em algum momento, olhei para baixo e para a minha direita e vi as narinas de Shelby (a parte mais reativa de seu corpo) bem abertas, como se buscassem inalar a fumaça. Num experimento, dei uma pequena baforada na direção dela e constatei que sua fome de nicotina era verdadeira. Seria herança do dono que a abandonara? Ou resquício das fogueiras de antigas caçadas, quando homem, cachorro, lança e cachimbo eram uma coisa só?

Depois de poucos quilômetros de estrada, alguém ligou para meu celular novo. Atendi, mas não consegui ouvir nada — o sinal estava muito fraco. Como podia ser Clark, tentei ligar para o número dele, mas tinha certeza de que ele não atenderia. Todas as chamadas tinham de partir dele. Essa era uma das muitas medidas que visavam a preservar sua privacidade. Ele também havia me dito que só usava o sobrenome Rockefeller com parentes e amigos, nunca em público. O telefone tocou insistentemente, sem cair na secretária eletrônica. Ele me contara que não gostava de secretária eletrônica porque as fitas ou chips nelas utilizadas podiam cair em mãos não confiáveis.

Uma hora depois da partida, eu tinha aprendido tudo que havia para aprender sobre os desafios de transportar um cachorro cuja metade traseira do corpo não era governada por sistema nervoso nenhum. O maior problema era que Shelby não conseguia se segurar: estava à mercê da força centrífuga. Quando eu pisava no freio ou fazia uma curva, ela era jogada para todos os lados da cabine e acabava batendo no painel e na porta. Tentei prendê-la com o cinto de segurança, mas ela detestou a ideia e, em sinal de protesto, mastigava a fivela. Com medo de que quebrasse os dentes, eu a soltei e apoiei sua cabeça no meu colo, ao mesmo tempo que, com o braço direito, segurava seu pescoço com firmeza. Isso a estabilizou, mas me distraía, porque me obrigava a fazer força para baixo em momentos críticos, nos quais eu devia me concentrar em dirigir.

A cada meia hora ela tinha de fazer xixi. Não choramingava nem se inquietava quando estava apertada, mas nossa relação já era quase paranormal, dois seres intimamente ligados, e eu sentia em meus próprios músculos quando ela precisava urinar. Punha-me, então, a procurar um lugar para parar, mas estávamos em Montana, onde as saídas nas autoestradas são raras. Assim, eu me pegava comparando o risco de deixá-la fazer xixi na caminhonete ao de parar no acostamento e ficar vulnerável a caminhões pesados a toda velocidade. Nas duas primeiras vezes que isso ocorreu, escolhi a prudência. Contudo, a partir do momento em que o cobertor verde passou a exalar um forte fedor de amônia, decidi que o melhor era parar a caminhonete a qualquer custo.

No tocante ao xixi, minha contribuição consistia em descê-la da cabine até junto do chão e segurá-la pela barriga, enquanto a urina borrifava da uretra. E borrifava porque a lesão nervosa que ela sofrera a impedia de direcionar o xixi. Certa vez, estávamos parados num posto e a urina encharcou meu braço, o que me pôs diante do problema de como enxugá-la. Eu podia caminhar até o banheiro e apanhar uma toalha de papel, mas, como não podia deixar Shelby sozinha e desamparada, ou a levava comigo ou a trancava dentro da caminhonete. O veículo estava mais perto. Assim que a coloquei na cabine, meu braço, que antes pingava, havia secado: secara em contato com os pelos dela. O problema havia se resolvido por si só, embora não de uma forma que me agradasse.

Mas não me importei muito com isso naquele momento — estava desesperado.

Perto de Billings, o ar-condicionado pifou e empesteou a cabine com o cheiro tóxico do fluido de refrigeração do motor. Pouco adiante, passei em cima de um daqueles pneus com cinta de aço — ou de um pedaço de pneu, aquilo que os caminhoneiros chamam de jacaré —, o que pareceu ter desalinhado a caminhonete. Parei para abastecer e me restabelecer num posto de caminhoneiros que tinha um cassino e atraía os viciados em metanfetamina com cara de desespero que eu conhecia tão bem por causa da matéria que havia escrito. Por alguma razão, andavam sempre em duplas, casais em geral compostos de uma mulher pálida, pesada e sem sutiã e um homem com pinta de lobo e olhos saracoteantes. Fiquei de olho neles enquanto baixava a vasilha vermelha de plástico que trouxera comigo e que agora eu enchia de água com uma jarra. Mas, sem a cadeira para mantê-la ereta e fazer com que sua cabeça alcançasse a vasilha, Shelby não tinha como lamber a água. Montei a cadeira e a acomodei nela. Tive de empurrar sua cabeça para dentro da vasilha para fazê-la beber a água; ela, porém, se recusou a desenrolar a língua rosada, que não era tão rosada como deveria ser a língua de um cachorro: era cinza, cinza como carne que congelou demais no freezer. Segurei-a pelo queixo e enfiei polegar e indicador entre as mandíbulas, a fim de abrir sua boca; depois, despejei a vasilha de água no focinho dela. Um pouco ela engoliu, mas logo engasgou e começou a cuspir. A essa altura, eu já estava chorando, e chorava da maneira mais pura que existe — do jeito que as pessoas choram quando ninguém se importa com elas, quando tanto faz se elas desistem ou vão adiante. Então, elas seguem em frente. E o fazem porque dá no mesmo.

— Shelby, você tem de beber... por mim — eu disse.

Já começava a imaginar o que poderia acontecer a quem decepcionasse um Rockefeller.

Naquela noite, interrompi a viagem em Forsyth, ainda no estado de Montana, depois de ter percorrido apenas algumas centenas de quilômetros. Forsyth era uma cidade com um comércio maltrapilho, que já teria fechado as portas em lugares mais prósperos, onde as pessoas ainda tivessem esperança de ganhar dinheiro. Ali, porém, não havia motivo para abandonar as lojas, uma vez que seus proprietários já não vendiam nada mesmo, apenas as utilizavam como locais privilegiados para assistir às brigas de bar, ao comércio clandestino de analgésicos, aos acessos de choro e às investidas de animais de rua do último estágio do colapso social nas Grandes Planícies.

Numa loja de conveniência, comprei um Gatorade e prendi Shelby à cadeira de rodas para irmos dar uma voltinha. Aquilo atraiu os olhares das pessoas, e uma delas se aproximou de mim, um homem de pernas arqueadas e peito afundado que parecia ter sido esmagado por uma pedra. Tocando a beirada da cadeira de rodas com um pé e fumando um charutinho com aroma de cereja que não tirou da boca, ele me perguntou: .

— Qual o problema dela? Vale a pena? — acrescentou.

Não entendi bem o que ele queria saber, se valia a pena para o cachorro ou para mim.

— Não muito — respondi.

Esperava um sorrisinho irônico, mas, em vez disso, o homem insistiu em saber para onde eu estava indo. Sabia que não podia ser Forsyth.

— Nova York — respondi. — É uma história e tanto.

— Espero que sim, coitadinha.

— Ela foi adotada por um Rockefeller — complementei. Estava curioso para saber como aquilo soaria no mundo real, e aquele era o lugar certo para tanto: um lugar tão real quanto a terra que cobria o chão.

— São boa gente, pensam longe. Conheci alguns deles — disse o homem.

— Onde?

Montana é um lugar capaz de surpreender. As cidades podem estar em decadência, mas nas grandes fazendas se refugiam muitos milionários, até mesmo gente graúda.

— Fui treinador de atletismo em colégios particulares da Costa Leste. Conheci os filhos. Eles educam a criançada de maneira dura e correta. Não tem malcriado, não.

Ele se ajoelhou para acariciar a cabeça de Shelby. Depois, com uma unha comprida, tirou alguma remela do olho dela e prosseguiu:

— Mas este aqui não parece cachorro para morar em cidade grande. É nervoso. Nada assentado.

— Só estou fazendo um favor.

— Aquela coisa idiota que as pessoas dizem, que são os donos do mundo? Não é verdade. Ou, pelo menos, não mais. Os Rockefeller estão quase todos falidos. Ninguém governa este mundo, infelizmente. Eles nem tentam. Quando tentavam, era melhor.

O novo hotel de beira de estrada que escolhi era velho, ficava ao lado de uma via férrea e cobrava taxa de limpeza para hóspedes com cães. Não informei na recepção que eu tinha um cachorro. Era um hábito que havia herdado do meu pai: contar umas mentirinhas para economizar uns trocados. Meu pai era um advogado de Saint Paul especializado em patentes. Seu plano era se aposentar e ir pescar e caçar em Montana. Eu não estava nem um pouco ansioso para tê-lo por perto. Desde que ele se divorciara da minha mãe, oito anos antes, nossas diferenças, que sempre haviam sido grandes, se aguçaram ainda mais. Eu o achava agressivo e autoritário; ele me achava iludido e neurótico. Meu terapeuta insistia que eu cortasse relações com ele de uma vez por todas, contudo eu ainda lhe telefonava nos feriados e quando tinha alguma novidade importante para contar. Ele sabia da fazenda e da gravidez de Maggie, mas de pouca coisa mais sobre minha vida mais recente. Não tinha ideia daquela minha viagem, o que era uma pena, porque suspeitava que ele a aprovaria. Ação, ele adorava; ousadia era seu credo. "Se baterem em você, bata mais forte ainda em quem te bateu", ele me ensinara quando eu era garoto e jogava futebol americano na escola, mas era um conselho que claramente valia para todas as situações. Nos tribunais, contaram-me que ele era assustador e com frequência conseguia acordos simplesmente à custa dos nervos dos outros advogados. Bebia café puro diretamente da garrafa térmica, e seus carros estavam sempre entulhados de cartuchos de espingarda e de canivetes. Os canivetes, ele os empregava para cortar nacos de pele dos veados que morriam atropelados nas estradas e que ele usava em seus anzóis para pescar trutas.

Minha mãe era diferente: ela acreditava em precaução. Ao chegar a Minnesota, ao final do dia seguinte, eu pretendia pernoitar em sua casa. Ela ainda morava na mesma cidadezinha verde à beira de um rio em que eu havia crescido e estudado. Era uma enfermeira de pronto-socorro aposentada que gostava de ler os clássicos, tocar piano, visitar os vizinhos que, doentes, já nem podiam sair de casa, ouvir a conversa das estações de rádio conservadoras e registrar em seu diário as realizações do filho. Fazia quase um ano que não a via, o que, para nós, era bastante tempo. Sentia sua falta quando estávamos longe um do outro, porém, quando nos reuníamos, ela às vezes me dava nos nervos com seu estoicismo, sua circunspecção. Não conseguia saber quando ela estava brava comigo, o que me autorizava a pensar que isso raras vezes acontecia; mas, de vez em quando, surpreendia um desconforto, um bruxulear nos olhos dela. Foi o que aconteceu quando lhe falei de Clark.

De início, minha descrição das esquisitices dele a divertiu, porque ela se lembrou do Bertie Wooster de seus adorados romances de P. G. Wodehouse, mas ela se calou quando mencionei a viagem e ficou ainda mais quieta quando falei de Shelby. Para começar, minha mãe não gostava muito de animais — sofria de asma e de alergias diversas, e pelos eram coisas sujas; nesse caso, porém, o que pareceu incomodá-la de fato foram as despesas que o cachorro acarretara. Quanto havia custado a cadeira de rodas? E as cirurgias? Será que eu queria mesmo rodar tantos quilômetros com minha caminhonete? Ela não fez essas perguntas diretamente, mas as sugeriu com suas pausas e seu silêncio. Pensei também ter detectado uma acusação mais dura, dirigida apenas a mim: a de servilismo.

No quarto de hotel em Forsyth, Shelby sonhava e choramingava no chão. Deitado na cama, eu escutava a respiração pesada dos trens a diesel e o barulho gigantesco e estremecedor do engate dos vagões. Folheava um livro que saíra procurando havia poucos dias: *Viajando com Charley*, o relato de Steinbeck de sua viagem pelos Estados Unidos em uma caminhonete e na companhia de um poodle. O livro foi publicado em 1962, o ano em que nasci, e imaginei que ele podia servir de inspiração — ou desalento — para o livro que talvez estivesse tomando forma em minha cabeça. Naquela noite, preservar a ideia de um propósito literário era fundamental para minha autoestima. E talvez se revelasse crucial no dia seguinte também, no trato com minha mãe, que iria querer uma justificativa mais elevada para meus esforços do que a simples disposição de servir a um ricaço excêntrico.

O livro de Steinbeck não era o que eu esperava. Minha ideia era de que ele consistia numa série de relatos folclóricos acerca de personagens e cenas americanas encantadoras, mas encontrei algo mais sombrio. Num segmento ambientado em Minnesota, Steinbeck segue por uma rota de fuga criada para ajudar a população a sobreviver a uma guerra nuclear. Ele a caracteriza como "uma estrada desenhada pelo medo". Depois de atravessar a fronteira do Canadá, ele retorna aos Estados Unidos e reclama da atitude austera e impessoal dos guardas e de como os governos modernos aviltam as pessoas. Queixa-se de que a televisão achata a cultura e manifesta sua repugnância pelo materialismo e pelo desperdício. Praticamente o único estado do país que lhe agrada é Montana — aquele que eu acabara de deixar —, porque parece um lugar limpo, honesto e ainda incólume.

O livro me deprimiu porque transbordava de temores em relação ao futuro que, em sua maior parte, haviam se tornado realidade. Abandonei a leitura. Meu celular estava desligado; naquela época, desligar o celular ainda não era considerado uma tentativa de se esconder. O silêncio é que haveria de assegurar a Clark que estávamos a caminho. Quando eu por fim aparecesse com Shelby, caso isso viesse a acontecer — isto é, se os sons que, dormindo, ela emitia não eram sintomas de um sistema nervoso em colapso —, ele testemunharia um daqueles milagres de que ninguém se cansa: o da fé em um estranho sendo plenamente recompensada. Ele, que só confiava em pouquíssimas pessoas, havia confiado em mim, e com razão, porque ali estava eu, atravessando aquela paisagem quente e árida de Montana, onde fósseis de dinossauros se esparramam pelo leito dos riachos e dedos esqueléticos de pedra erodida servem de poleiros taciturnos para falcões e abutres. Ainda assim, eu sentia uma crescente apreensão — não em relação a Clark, e sim a mim mesmo. Seria errado escrever sobre ele algum dia, se não revelasse sua identidade, se mudasse seu nome? Ele sabia que eu era escritor, havíamos falado sobre isso; e ele próprio já havia "rabiscado" uma coisa ou outra. Mas será que sabia mesmo o que *é* um escritor? Provavelmente não. Poucas pessoas sabem. Um escritor é alguém que lhe diz uma coisa num dia apenas para, no futuro, poder contar outra a seus leitores — ou seja, o que ele estava pensando, mas não quis dizer, ou o que teria pensado, se tivesse sido mais inteligente. O escritor transforma a própria vida em material de trabalho e, se você faz parte da vida dele, ele vai usar a sua vida também.

Shelby sujou o tapete da cozinha da minha mãe assim que a ajudei a rolar sua cadeira de rodas para dentro de casa. O lugar era um tributo àquelas casas de campo inglesas do tipo que Miss Marple poderia visitar para solucionar um crime, uma casa repleta de prateleiras de livros, abajures e capinhas protetoras de renda para os estofados. Tinha tantos cantinhos aconchegantes para uma pessoa se sentar e ler, tantos assentos estofados ladeados por mesinhas oportunas que o problema de como se acomodar confortavelmente ali era um tanto avassalador: havia opções demais. Em mim, a casa exercia um efeito soporífero, e isso me fazia bem. O sono que eu costumava desfrutar ali era macio, almofadado, profundo e envolvente. Era o sono de um filho querido e bem tratado, impossível de obter em outro ambiente. Contudo, valer-me desse serviço maternal demandava de mim um asseio agradecido — não beber nada sem usar porta-copos, pôr no devido lugar todas as almofadas removidas —, e a atitude repugnante de Shelby logo à nossa chegada arruinou o clima, deixando-o tenso.

— Fora! Este cachorro vai lá para fora! — ordenou minha mãe.

Ela me fez acomodar Shelby na varanda, debaixo de uma movimentada manjedoura para passarinhos cheia de corruíras e chapins. Abri a cadeira de rodas e a montei encostada à parede.

— Esse bicho é feio, me irrita — disse minha mãe. Ela era uma mulher pequena, de pele morena e olhos azuis que contrastavam com sua tez e tinham o poder de se contrair decisiva, minuciosa e mesmo instantaneamente, deixando o interlocutor em dúvida sobre o que havia mudado, se a expressão facial dela ou o tempo lá fora. Uma vez proferido o veredicto, o assunto estava encerrado. Podia-se discutir, mas, ganhar a discussão, jamais.

Quando voltei para dentro de casa, depois de ter montado a cadeira de rodas, ela me fez lavar as mãos com sabonete e me deu uma toalha nova para enxugá-las. A toalha foi diretamente para a máquina de lavar, assim como a roupa que eu vestia. O restante das minhas roupas estava na caminhonete, porém fui proibido de trazer minha mala para dentro. Minha mãe me deu um roupão, me fez tomar um banho e ficou me esperando na poltrona de couro vermelha onde fazia suas leituras, ao lado da prateleira que exibia seu dicionário e abrigava o bem-cuidado equipamento de leitura: o marcador de páginas de couro franjado, os lápis coloridos e a lupa de cabo de marfim.

— Vou te dizer uma coisa — ela começou, tão logo me sentei.

— Não posso, mãe, me desculpe, mas a cachorra não é minha.

— Eu quero que você sacrifique o bicho — ela disse.

— Entendo você, mas eu não posso mesmo.

— Isso é um absurdo. O que ela tem não é vida. Deus do céu, ela não consegue nem se coçar! Quem é esse sujeito, afinal?

— Clark?

— Tem alguma coisa errada com ele. Quem quer que queira um animal assim tem algum problema, estou dizendo. De que ramo dos Rockefeller ele é?

— Não conversamos sobre isso.

— Quantos anos tem?

— Minha idade. Não sei bem.

— Quem é o avô dele? O Nelson? O David? O Laurance?

Ela era leitora voraz de grandes biografias e conhecia de cor as famílias mais famosas, os Tudor, os Plantageneta, os Kennedy, os Shriver. Era um verdadeiro ás da genealogia.

— Mãe, eu não sei essas coisas — disse. — Preciso dormir.

— Pois eu vou dizer mais uma coisa.

— Está bem.

Sabia o que ela ia dizer: nada. Ficaria em silêncio para que, assim, eu me pusesse a imaginar o que ela tinha a dizer. Era um truque. Ela me olhava, eu olhava de volta e, então, inventava alguma desculpa para desviar o olhar. Detestava aquilo, desde criança. Dizê-lo talvez fosse uma nova maneira de lidar com o problema.

— Detesto isso, mãe — eu disse. — Detesto quando você faz isso.

Ela deixou que o silêncio gelado se adensasse. Na janela atrás dela, o ar adquiria uma coloração esverdeada, que é a cor do ar na zona rural de Minnesota, quando o granizo vai se formando rapidamente no interior das nuvens pretas e os fazendeiros apressam-se em tocar seus animais para dentro. Nossa cidadezinha compunha um universo moral austero e eficiente, onde até os elementos ajudavam, fornecendo o clima necessário à argumentação correta.

— Preciso trazer ela de volta para dentro — eu disse.

— Só deixo se for para sacrificar a cachorra.

— Isso está fora do meu alcance. Eu prometi.

— Ora, Walt, pelo amor de Deus! — exclamou ela.

Não consegui seguir viagem. Com a perspicácia de uma enfermeira, minha mãe notou minha palidez, o tremor na hora de cortar e comer as panquecas, a firmeza excessiva com que eu segurava o copo de suco, e me proibiu de pegar a estrada novamente. A ordem veio à mesa do café da manhã e, uma vez na vida, fiquei feliz em aquiescer ao bom senso. Tinha dormido pesado por dez horas. Apagara. Quando acordei, não conseguia me mexer. Era como se minhas pernas estivessem amarradas ao colchão; meu intestino tinha se transformado em pedra. Algum canal profundo e entupido se abrira dentro da minha cabeça e havia liberado um muco estagnado que se movimentava e estalava por trás de olhos e têmporas. A paralisia parecia um castigo justo, e eu me deixei ficar na cama por algum tempo, sem combatê-la, me apropriando da difícil situação de Shelby.

O exercício de autossacrifício valeu a pena. Quando por fim me arrastei escada abaixo, vi que Shelby estava bebendo água e parecia revigorada. Minha mãe ligara uma mangueira verde de jardim, quase sem pressão, diante da cadela, que, esticando e recolhendo a língua com rapidez, lambia a água.

Durante o café da manhã, minha mãe e eu bolamos um plano. Telefonei para uma empresa aérea e comprei uma passagem de avião para aquela noite, num voo direto para o LaGuardia. Precisei pagar a tarifa cheia, quatrocentos dólares. Informei que viajaria com um cachorro, mas não disse que tipo de cachorro. O atendente enfatizou que eu precisaria provar que Shelby havia sido vacinada. Eu não tinha nenhum documento que provasse isso, mas minha mãe sabia como consegui-lo: em frente à casa dela morava um veterinário simpático e solteiro. Ligamos para seu consultório, fomos até lá, Shelby tomou as vacinas, pegamos os atestados e pagamos a conta, que o próprio veterinário admitiu ser o dobro do valor de uma consulta normal. "Atendimento de emergência", ele disse. Não acreditei naquela conversa. Minha mãe havia lhe contado toda a história e não conseguira se conter: mencionara o sobrenome de Clark. "Atendimento a um Rockefeller" foi o que o veterinário quis dizer.

Ele ainda me deu uma receita de calmante, ideia da minha mãe e ponto-chave do nosso plano: enfiar Shelby numa daquelas caixas de transportar cachorro, apagá-la, guardar a cadeira de rodas numa caixa comum de papelão, arrastar tudo até o balcão da companhia aérea e sorrir. O único problema era Clark, que não tinha secretária eletrônica. A não ser que estivesse em casa no meio de um dia de semana para atender o telefone, ele não ficaria sabendo e não poderia ir nos encontrar.

Mas ele estava em casa. Tudo certo. Não estava no trabalho. Pensando bem, todas as nossas outras conversas também haviam acontecido em dias de semana. Só que ele era quem tinha me chamado, e supus que me ligasse do escritório. Sim, eu me lembrava de ele ter dito que tinha um escritório, mas talvez não fosse lá com frequência. Talvez fizesse seu próprio horário. Ou então estava doente naquele dia.

— Me desculpe a surpresa, a mudança de planos, mas é que minha caminhonete está meio esquisita — disse-lhe ao telefone.

— E a Shelby está cansada.

Olhei para minha mãe, do outro lado da mesa da cozinha. Ela agora estava do meu lado, como de costume, embora, de início, seus princípios a tornassem mais lenta. Prossegui:

— Na verdade, nós dois estamos cansados. Não tem sido uma viagem fácil.

— Que boa notícia! Fico muito contente. Adoro surpresas — Clark respondeu.

Pela voz, não parecia nem um pouco doente, e sim em ótima forma. Para mim, o que importava mesmo era que sua voz era de gratidão.

No aeroporto, medicada e em sua caixinha, Shelby passou pelo sistema de coleta de bagagens. Um funcionário do setor de cargas entrou com ela por uma porta não identificada e, dali em diante, ela não estava mais sob minha responsabilidade. Embarquei e adormeci de imediato, avançando por algum tipo de filme mental até um reino de imagens pessoais. Adoraria dizer que me lembro do meu sonho, mas a única coisa de que me recordo de fato é que sonhei — a viagem provocara uma espécie de frenesi psicodélico. Quando acordei, o avião sobrevoava Nova Jersey, aquela paisagem industrial vigorosa de reservatórios e docas, trens de carga e oleodutos — o pátio de carga dos Estados Unidos —, e, em seguida, cruzávamos o horizonte iluminado de Manhattan, sulcado e labiríntico como o próprio destino. Lembrei-me da primeira vez que vira Nova York, aos dez anos de idade. Meus pais haviam decidido que meu irmão e eu precisávamos ver os grandes símbolos nacionais da Costa Leste: o Sino da Liberdade, o Capitólio, o porto de Boston, o USS *Constitution*. Fomos de carro. Hospedamo-nos em casas diversas, de amigos e parentes distantes que, em algum momento, haviam cometido o equívoco de nos convidar à toa para uma visita. Foi uma viagem penosa. Nova York foi nossa última parada — eu já estava exausto àquela altura: os monumentos visitados haviam se revelado ou bem menores do que eu imaginara ou espremidos por um entorno nada magnífico. Nova York não. Quando nos aproximávamos do túnel Lincoln, divisei um universo novo, único e estupendo, que de pronto tornou menor aquele que eu conhecera até então. Ali estava a grande atração; todo o resto era pano de fundo. O lugar parecia antigo, mas de um jeito moderno, e exibia a autoconfiança de uma arca de Noé certa de que iria sobreviver às grandes catástrofes, devastadoras para todos que não estivessem a bordo.

 O avião tocou a pista de pouso emitindo um guincho e dando todos aqueles solavancos de arrepiar, assustadores e emocionantes. Debaixo de mim, no compartimento de carga, Shelby acordava de seu sono, ou essa era minha esperança. Eu havia calculado a dose de tranquilizante de modo a apresentar a Clark um animal consciente, capaz de reagir de maneira afetuosa quando seu novo dono enfim pusesse as mãos nele. A viagem tinha sido dura, e eu queria que ela terminasse bem, de uma forma que valesse a prometida gratificação. Realizara um trabalho no sentido antigo, clássico, da palavra, o tipo de tarefa imposta aos homens por deuses caprichosos. Dessa vez, para variar, não havia sido um trabalho intelectual, e sim um trabalho físico, emocional e real. E eu resistira. Persistira. Tinha conseguido.

3.

Clark havia me dito que eu o reconheceria por sua semelhança com o ator David Hyde Pierce, que fazia o papel de Niles, o irmão, no seriado de TV *Frasier*. Era um dos programas favoritos da minha mãe e, por isso, eu conhecia bem a personagem. Niles era magro, excêntrico, estava ficando careca e usava terno. A primeira vez que minha mãe me fez ver o seriado com ela, fiquei com a impressão de que Niles era gay porque o roteiro o retratava como fã de ópera; mais tarde, porém, ele menciona uma namorada. Como tinham me chamado de gay tanto em Princeton (porque escrevia poesias) como em Oxford (porque escrevia peças de teatro), abominava toda e qualquer manifestação de intolerância em mim mesmo, mas quando Clark, num tom de voz de óbvia satisfação, se comparou a Niles, me peguei pensando se ele não estaria testando minha sexualidade, como outros gays já haviam feito. Mas, claro, Niles não era gay, apenas aparentava ser, e somente para caipiras como eu — ou seja, provavelmente não era. Se Clark estava me testando, era para saber o que eu sentia em relação aos tipos afetados e empertigados da alta sociedade. Não tinha nenhum problema com eles, era minha resposta: tinham seu lugar.

Quando a escada rolante lotada me despejou na área de coleta de bagagem do LaGuardia, comecei a olhar em torno em busca do sósia de Niles e Fierce. Será que é aquele ali? Corpulento demais. E aquele outro? Não, muito austero. Não estava gostando daquele jogo de adivinhações; não achava que aquilo precisava ser um jogo. Ele podia ter me dito como estaria vestido, assim como eu fizera: camisa azul de sarja, calça jeans preta e tênis. A escolha daquela roupa significava que eu não estava preocupado em impressioná-lo. Vinha de Montana, era dono do meu próprio nariz.

— Aí está você, Walter! Bem-vindo a Nova York.

Clark, que parecia mais baixo que o ator de TV e não exibia aquele seu porte de cisne, usava um boné cor-de-rosa e uma camisa polo também rosa. Do pouco que consegui ver de seu cabelo, pude notar que era de um loiro artificial que não convencia ninguém. Os óculos tinham uma armação grossa de plástico escuro e pareciam acoplados a bigodes falsos. Ele vestia calça cáqui, sem meias. Ao lado dele, mas um passo atrás e diluída no cenário ao fundo, vinha uma mulher aparentemente nervosa. Era Sandra, sua esposa. Clark apresentou-nos rapidamente e, de resto, ignorou-a, perguntando sobre meu voo com ar empolado de embaixador. Não sei bem o que respondi. Para mim, voos que pousam em segurança são todos iguais.

A esteira com as bagagens rangeu e começou a girar, e malas deslizavam por uma rampa, chocando-se ao final da descida. Em poucos minutos, toda a bagagem havia desaparecido, e nada de Shelby. Preocupado com ela, deixei de prestar atenção em Clark, que seguia falando sobre algum assunto que me escapara. De pronto, achei-o irritante, uma versão diminuta e de mau gosto de um *hobbit* a se divertir de uma maneira que parecia quase delirante. Em seu discurso, como eu já havia notado durante nossas conversas telefônicas, ele se valia das fórmulas superficiais do humor inteligente, como se graça fosse uma questão de álgebra (*não é o X do Y que me incomoda: é o Y do X*); o que punha no lugar das variáveis pouco lhe importava. Se era assim que ele pensava, estava falando para o público errado. Só consigo rir de comentários realmente engraçados — é meu único traço incorruptível, honesto. Mas talvez ele estivesse nervoso. A cor artificial dos cabelos dava mostras de uma insegurança básica, assim como o boné, usado, desconfiei, para ocultar alguma calvície.

Enquanto ele prosseguia com aquele falatório infantil, um funcionário da companhia aérea surgiu não sei de onde, trazendo a canhestra gaiola de plástico, que parecia abençoadamente incólume. Clark se ajoelhou, espiou através da porta gradeada e começou a fazer aqueles sons típicos dos amantes de cachorros — pequenos cacarejos pontuados com rompantes de falas de bebê —, embaraçosos em razão de seu caráter íntimo. Depois, virou-se para mim e disse: "Bom trabalho". A seguir, abriu a grade e enfiou a mão lá dentro. O movimento do braço refletia repetidos e delicados gestos de carinho, o que me deixou muito aliviado.

— Excelente. Muito bom mesmo — ele disse. — Precisamos comemorar, você não acha? Vamos jantar. Amanhã. Todos nós. No Sky Club.

— Ótimo. Parece uma ótima ideia — concordei. — Vai ser divertido.

Do convite, depreendi um sinal de que meu pagamento seria efetuado durante a refeição, um cenário mais apropriado do que o aeroporto para tal cerimônia.

— A que horas? — perguntei.

— Eu te ligo.

— Está ótimo então.

Clark apanhou pela alça a caixa que transportava Shelby. Acusou o peso ao erguê-la, indicando que queria ajuda, mas eu, a postos, já esticava o braço para suportar a maior parte da carga, porque, quando empunhei a alça, ele relaxou a ponto de retirar por completo sua contribuição.

— Meu carro está aí fora — informou.

Atravessando portas de correr e seguidos pela figura retraída e espectral de Sandra, carregamos a caixa com Shelby para fora do aeroporto, até a calçada repleta de limusines e vans enfileiradas e de pessoas segurando cartazes com nomes escritos à mão.

— Pronto, aqui — disse Clark. — Perfeito. Maravilhoso.

Depositamos a caixa no chão. Ele se voltou para mim e estendeu a mão, um apêndice pálido, descarnado e, ao que parecia, desprovido de toda e qualquer vitalidade, com dedos que aparentavam nunca ter feito outra coisa na vida a não ser assinar cheques e digitar números de telefone. Embora não tivesse ficado claro para mim qual daqueles carros era o dele, tive a certeza de que Clark não me daria carona para onde quer que imaginasse que eu passaria aquela noite. Ia para o apartamento de um amigo, mas ele não sabia disso, porque eu não lhe dissera. Após querer saber como havia sido meu voo, ele não me perguntara mais nada. Despedimo-nos, e segui pela calçada até a longa fila de pessoas à espera de um táxi. Não olhei para trás, para vê-lo entrar no carro. Tive a estranha sensação de que ele não queria que eu o fizesse.

Passei a noite no Greenwich Village, no apartamento de meu melhor amigo de faculdade, Douglas Rushkoff, um escritor que se autointitulava um "teórico da mídia" e acreditava que os computadores e a internet estavam mudando o mundo de uma maneira de que ainda não havíamos nos dado conta, mas que, para ele, poderia se revelar transformadora e mágica. Ou talvez desastrosa, ele ainda não se decidira. Filho de um contador de subúrbio, Doug era de longe a pessoa mais inteligente que eu conhecia. Na faculdade, havíamos mergulhado de cabeça em substâncias químicas expansoras da mente e montáramos peças experimentais na linha do Teatro do Absurdo. Nosso objetivo era nos libertar da "realidade consensual" da classe média. Depois de quinze anos desenvolvendo aquele projeto, estávamos nos saindo melhor que outros colegas de ambição artística mais elevada, cujo fracasso, como podíamos ver, levara ao pânico e à acomodação em carreiras enfadonhas nos negócios. Eu dependia de nossas conversas para formar uma opinião sobre tecnologia, que era o grande tópico de discussão pública naquele momento. Naquela noite no Greenwich Village, eu podia ter usado esse tema para parar de pensar em Clark e no favor extravagante que acabara de lhe prestar e pelo qual ainda não fora recompensado. Doug, porém, não estava em casa, e sim em trânsito: tinha ido fazer uma de suas palestras sobre o futuro.

Mas Maggie estava lá, porque tinha voado para Nova York antes de mim. A entrega de Shelby representava um sucesso para a entidade que ela liderava e que nutria agora a esperança de que Clark a recompensasse com uma generosa doação. Além de contar a ela sobre o jantar marcado para o dia seguinte, respondi a algumas perguntas sobre a viagem, minimizando as injúrias e os horrores da jornada, porque não estava a fim de intimidades.

Já na cama, enquanto Maggie dormia, permiti-me algum otimismo sobre a vida que me aguardava quando voltasse para casa, um assunto sobre o qual a viagem me poupara de ter de pensar. Contrataria um carpinteiro profissional para terminar a reforma. Daria uma nova olhada num romance que abandonara, para ver se não conseguiria terminá-lo até o outono, enviá-lo a meu agente e começar outro, um novo romance que, quem sabe, a vida me daria de presente, caso Clark e as musas cooperassem. Refinanciaria a compra da fazenda por intermédio de um empréstimo ou hipoteca, saldaria meu aterrorizante contrato com o antigo dono, reabasteceria minhas economias com disciplina orçamentária e voltaria a investir em ações ou, melhor ainda, em ações de uma Nasdaq em ascensão. Além disso, jogaria fora meus comprimidos de Ritalina, a começar com o frasco que estava comigo. No Natal, se Deus quisesse (lembra-se de Deus, Walt? Eu tinha sido criado como um mórmon e ainda apelava a Ele para uma ou outra coisa, embora tivesse deixado de frequentar a igreja), o borrão no ultrassom se transformaria no meu primeiro filho — uma menina. Estava na hora de me preparar para segurá-la nos braços, de virar homem.

Encontramos Clark e Sandy no Sky Club, no 56º andar do prédio da MetLife, o gigantesco edifício *art brut* de escritórios que se ergue no meio da cidade e, com arrogância, divide em duas a Park Avenue. O restaurante, com suas três paredes de vidro e mesas dispostas ao longo de abismos, era um daqueles espaços avassaladores, que parecem impossíveis a quem nunca esteve em seu interior. Da mesa em que estávamos, os prédios lá fora, que pareciam colossais quando vistos da rua, revelavam-se desimportantes e secundários, com seus mastros e pináculos desaparecendo mais abaixo. Eu não estava certo de estar gostando da vista. Ela não era panorâmica nem abrangente o bastante para instigar a contemplação meditativa, mas antes atiçava a imaginação suicida — aquela parte da mente que imagina quedas e saltos —, e o fazia com uma especificidade tão sedutora que me obrigou a desviar os olhos, antes que minha atenção mergulhasse nas profundezas.

— Está tudo a contento? — Clark perguntou.

Seu tom de voz soou alegre, como se tudo aquilo fosse propriedade sua. De fato, ele já havia mencionado que o edifício que dominava aquela vista — uma torre de pedra calcária iluminada por fachos de luz que subiam desde sua base — pertencia ao "complexo da família", o Rockefeller Center. Quando ele disse isso, olhei para Sandy e vi que seu rosto mascarava certa fadiga das histórias do marido, o que me sugeriu que ele já se gabara em outras ocasiões e que aquilo a entediava.

Clark levantou sua taça e brindou: "A Shelby". Nós o acompanhamos. Em alguma parte, lá estava ela, com sua cadeira de rodas e sua incontinência, submersa na retumbante grandiosidade daquilo tudo e, portanto, de pressões das quais talvez não estivesse à altura. Por que será que Clark a quisera tanto, a ponto de cortejar os Piper quase dia após dia durante semanas — eles haviam dito —, de seu computador e de tão longe? Talvez porque ela fosse uma raridade. Os ricos apreciavam raridades, não contentes com a sua própria.

A comida era digna de esquecimento, mas a conversa, depois que passei a me dedicar a ela e de Clark pegar embalo, foi como nenhuma outra de que eu participara na vida. Sandy, que, imagino, já tinha ouvido boa parte daquilo, entreteve-se com seus talheres e guardanapo, enquanto Maggie se recostou na cadeira, como se assistisse a uma peça de teatro, acomodando-se em sua fartura hormonal e física de grávida. De início, vieram as informações pessoais peculiares. Clark, que havia pedido frango, contou que jamais tinha comido um hambúrguer, jantado num restaurante público ou bebido Coca-Cola. Pediu-me que lhe descrevesse o sabor, o que me deixou pasmo.

— É bem doce — informei — e amarronzada.

Em pouco tempo, ele começou a contar a própria vida. Quando criança, havia sofrido de afasia, uma incapacidade de se expressar, mas um encontro fortuito com um cachorro, quando ele tinha mais ou menos dez anos, mudara esse quadro. De súbito, após pronunciar uma palavra inexistente, "latição", estava curado. Poucos anos mais tarde, aos catorze, começara a estudar em Yale. Depois que o animal mágico desenrolou sua língua, contou ele, sua inteligência se desenvolvera a uma velocidade recorde.

Os funcionários do restaurante iam e vinham durante esse monólogo, enchendo taças e recolhendo pratos, tomando cuidado para não invadir o espaço de Clark e mantendo distância sempre que ele se animava. Chamavam-no de Sir e de "senhor Rockefeller", e Clark dirigia seus movimentos com cordiais acenos de cabeça e olhares.

A conversa passou para a esfera pública. Clark me alertou sobre a iminência de um colapso do mercado, revelando que a elite financeira já havia fixado uma data para o acontecimento e estava se posicionando para ele. Perguntei-lhe quando seria, mas ele disse que não sabia: só sabia que haviam recentemente concordado quanto à data. Já no aguardo do desastre, ele investia em títulos do Tesouro norte-americano e me aconselhou a fazer o mesmo. Depois, voltou a proferir suas advertências a respeito da China e de suas ambições expansionistas e imperialistas; novamente, empregou o termo "Lebensraum", palavra que parecia agradar suas cordas vocais. A seguir, não sei bem como, mudou o assunto para *Frasier*. Disse que em breve apareceria no seriado no papel de um ouvinte que liga para o programa de rádio comandado pela personagem principal da série, o dr. Crane, que aconselha seus ouvintes ao vivo sobre problemas psiquiátricos. Clark contou que ele próprio havia escrito o texto para aquela sua aparição e que interpretaria um ouvinte cuja compulsão era cantar temas famosos de musicais da Broadway de forma peculiar: misturava às letras referências a cachorros e sons caninos. Em "The hills are alive", de *A noviça rebelde*, a letra dizia: "As colinas ganham vida com o latido dos cãezinhos, au, au, au, au, au...".

Antes que eu conseguisse assimilar aquilo tudo, Clark, sempre muito discreto, me passou o que só podia ser minha gratificação, lacrada num comprido envelope comercial branco. Fez aquilo sem nenhuma ostentação, num momento em que Sandra se ocupava da própria comida e Maggie voltava do banheiro. Recusei-

-me a abrir o cheque na frente dele, receoso de que cometeria uma quebra de protocolo.

— O que você acha de nos divertirmos um pouco? — ele perguntou.

Clark sabia que eu já estava me divertindo. Com um gesto na direção do monólito de pedra calcária além da janela às suas costas, ele propôs uma turnê pelo Rockefeller Center depois do expediente, com direito a certas instalações subterrâneas inacessíveis ao público em geral. Em seguida, enfiou a mão por dentro do paletó e deu tapinhas em alguma coisa.

— Ah, está aqui comigo — anunciou. — A chave.

— Você tem a chave? — perguntei. — Tem a chave mestra?

Pressupus que algo assim existisse, o que me pareceu razoável, considerando a existência do próprio Clark. Maggie pareceu discordar. Ao dar uma olhada rápida para ela, flagrei um sorrisinho superior em seu rosto irlandês cheio de sardas.

Pedimos a sobremesa, um viscoso *crème caramel* com uma delicada cobertura de açúcar queimado, e a ideia da turnê foi engavetada: já estava ficando tarde, talvez outra hora. Clark abotoou o paletó, endireitou-se na cadeira e pôs-se a comer pedacinhos da sobremesa que erguia suavemente com um garfo. As luzes nas janelas dos edifícios dispostos mais abaixo formavam diagonais e fileiras irregulares, sugerindo uma cidade já no ritmo lento de um fim de semana. Um garçom se aproximou, e eu cumpri o ritual de tocar minha carteira, mas Clark sinalizou que não era necessário. Não vi cheque nenhum. Clubes privados talvez enviassem a conta no final do mês, pelo correio, com todas as despesas somadas.

No elevador, a caminho da rua, ele me convidou para, no dia seguinte, ir a seu apartamento ver a "coleção de arte". Perguntou se eu podia ir ao meio-dia. Podia, sim.

— Excelente. Excelente.

Tive a sensação de que ele não considerava a presença das

mulheres essencial para o desenvolvimento da nossa amizade nascente.

Na hora de dormir, perguntei a Maggie o que ela achara de Clark. Seu silêncio no tocante a ele chamava a atenção.

— Ele gosta de um showzinho — ela respondeu. — E também acho que é capaz de ser gay.

— Não, é o jeito dessa gente.

— Além do mais, não ouve: só fala.

— E da Sandy, o que você achou?

— Não sei bem. Ela é calada. E ele não é muito gentil com ela.

Não insisti no assunto. Tínhamos interesses diferentes naquilo, e chamar a atenção para as diferenças me pareceu pouco inteligente, além de provavelmente desnecessário. Voltaríamos para casa dentro de poucos dias e teríamos muito com que nos preocupar. Meu amigo novo e esquisito, se é que ele continuaria a ser meu amigo, era problema meu, assim como o dever de prover casa, comida e roupas para mim e para minha família. Uma diferença de treze anos entre marido e mulher, sobretudo quando a mulher trabalha a maior parte do tempo em casa e tem apenas 22 anos, tende a criar certas divisões muito claras. Elas também existiam no casamento de Clark, pelo pouco que eu vira. Eu só não tinha ideia de quais eram.

Quando cheguei ao prédio de Clark na manhã seguinte, pronto para dar de cara com Tony Bennett, ainda levava o envelope com o cheque no bolso da calça. Tentar adivinhar a soma estava se revelando mais estimulante do que saber ao certo o valor. Um empregado me conduziu ao elevador, que me deixou num corredor escuro. Atrás das portas, não pressenti nenhuma maravilha de mobiliário ou decoração. Não me surpreendeu que ali morassem pessoas ricas — sabia de sua preferência por uma respeitabilidade insossa —, mas fiquei espantado com o fato de um grande cantor ter escolhido aquele lugar para morar.

O apartamento era simples, desprovido de adornos — assoalho de madeira riscado, um sofazinho escuro e uma cozinha funcional com bancadas vazias —, mas a arte nas paredes era ousada e grandiosa. Incluía um Mondrian envolto em uma caixa de acrílico, um Motherwell, um Pollock e um Rothko. Fiquei ali, admirando os quadros e bebericando um copo d'água, enquanto aguardávamos a visita de um restaurador do Museu de Arte Moderna, que, de acordo com Clark, esperava poder incorporá-los à própria coleção. Não resisti a tentar estimar o valor daquelas obras. Dez milhões? Vinte? Talvez muito, muito mais. Um cavalheiro não fazia perguntas desse tipo.

O apartamento cheirava a mofo, um cheiro azedo; não era surpresa que cheirasse como um canil. Yates e Shelby estavam deitados no chão e se entreolhavam enciumados, olhares que pressagiavam briga. Clark me levou para perto do Pollock, encostado sem moldura a uma parede, e tirou alguma coisa da superfície do quadro: um pelo canino, preto e encaracolado.

— Eu acredito que animais e obras de arte deveriam conviver confortavelmente — disse ele.

Depois, mostrou-me uma mancha na mesma pintura.

— É saliva do Yates. Ele adora lamber — prosseguiu. — O museu, claro, está chocadíssimo. É por isso que eles insistem em limpezas semanais.

Em seguida, encontrou outro pelo de cachorro no Mondrian, dentro do acrílico, e sorriu. Era como se negligenciar sua coleção o deixasse mais orgulhoso do que as obras em si.

Ainda assim, cumprimentei-o pelos quadros. Clark me contou que os obtivera em parte por herança, mas em parte graças aos esforços de um comprador — "um sujeito que eu tenho na Espanha" —, que conseguira adquiri-los de aristocratas europeus necessitados de dinheiro e até mesmo de dois ou três museus de renome, e por uma porcentagem baixíssima de seu valor. Disse que eu ficaria chocado se ele me contasse que museus.

— Um verdadeiro escândalo — completou.

Os diretores dos tais museus eram figuras de caráter duvidoso, que precisavam do dinheiro para cobrir desvios de fundos, e Clark não se sentira nem um pouco culpado de tê-los explorado.

— Nunca se deve deixar passar uma pechincha dessas — concluiu. — E o irônico nessa história é que prefiro os velhos mestres. Você não concorda?

Assenti com a cabeça e com um "sim". Era conversa mole. Eu nunca havia nem sequer pensado no assunto. E menos ainda do ponto de vista de um comprador.

Estava começando a ficar com fome. No caminho para o apartamento de Clark, imaginara que ele serviria um almoço — afinal de contas, ele tinha um chef particular. Mas ali não havia nenhum sinal de uma refeição iminente, ou mesmo de que algum dia uma refeição tivesse sido preparada naquele apartamento. A explicação vinha agora, provavelmente em resposta a algum comentário meu acerca da cozinha impecável. Ou talvez eu não tenha dito nada. Talvez, como aconteceria com tanta frequência ao longo dos anos seguintes, Clark tivesse lido meus pensamentos.

— Tenho um apartamento igualzinho a este no andar de baixo. É onde ficam os empregados — explicou. — Estão de folga hoje.

Ele olhou para o chão, como se pudesse ver através dele os aposentos mais abaixo. Eu me perguntava pelo acesso ao outro apartamento: onde estava a escada, ou será que os dois apartamentos não eram interligados? Talvez fosse preciso ir até o corredor e descer de elevador.

A campainha tocou, e ele fez entrar o restaurador, enquanto eu me ajoelhava para acalmar os cachorros. O rapaz nos ignorou:

abriu sua caixa de ferramentas e pincéis e foi trabalhar no Pollock. Shelby parecia mais revigorada desde a viagem e arqueou o pescoço na direção da minha mão, enquanto eu a acariciava e coçava. Clark, com uma voz infantil que imitava um cachorro, reassegurava a um Yates de olhar hostil que ele não iria perder seu lugar na casa por causa da chegada da "irmãzinha". Aquela sua voz de cachorro me entristeceu. Parecia revelar a solidão interior de Clark ainda mais completamente do que sua voz normal, que já não era tão normal assim. Levando em conta o que ele dissera durante o jantar sobre sua infância isolada e abreviada (estudar em Yale aos catorze anos não devia ter sido fácil), percebi que Clark era uma pessoa que, em grande medida, tivera de cuidar de si próprio sozinho, uma espécie de criança abandonada, algo como o garoto criado por lobos, só que endinheirado. Não era à toa que amava animais.

O restaurador guardou suas coisas e murmurou uma rápida palavra de despedida, sem nem me dirigir um olhar. Eu precisava comer, sentia-me um pouco tonto. Estávamos no verão de 1998, e o ar ao redor parecia carecer de realidade: um mercado de ações marcado por uma "exuberância irracional", um presidente em perigo por ter mentido sobre a prática de sexo oral e uma enorme profusão de novas tecnologias capazes de redefinir tempo e espaço. Meu celular recém-adquirido, temporariamente em silêncio, estava prestes a invadir meu mundo consciente de uma maneira que, naquele momento, eu nem tinha como imaginar.

— O que você sabe da morte de Rothko? — Clark me perguntou.

Convidou-me, então, a examinar mais de perto a tela que ele havia tirado da parede. Depois de girá-la, disse-me algo como:

— Ele se matou. Cortou os pulsos. Está vendo estas manchas aqui atrás, estes respingos?

Não consegui ver nada, mas, para agradá-lo, disse que sim.

Eu tinha viajado uma distância absurda para cumprir uma tarefa exaustiva e humilhante. Esperava, portanto, que nos tornássemos amigos.

— É sangue — afirmou Clark. — O sangue do artista.

De volta à rua, depois de ter deixado o apartamento, abri o envelope. O cheque era da mulher dele. Quinhentos dólares. Não cobria metade do que eu gastara, e ainda tinha a viagem de volta. Um engano? Não faltava um zero ali? Naturalmente, nunca toquei no assunto.

4.

Christian Karl Gerhartsreiter, um imigrante alemão que usava diversos pseudônimos, foi a julgamento no começo de março de 2013 pelo assassinato de John Sohus, cometido em 1985 na cidade de San Marino, na Califórnia. O julgamento foi realizado no Clara Shortridge Foltz Criminal Justice Center, um conglomerado enorme, retilíneo e cinza de escritórios e tribunais situado no outro lado da praça do Los Angeles City Hall, que abriga a Prefeitura e a Câmara Municipal. Trata-se de uma parte da cidade que raras vezes é vista nos filmes — uma região de lúgubres edifícios burocráticos que se agigantam ante um abrigo a céu aberto para sem-teto. Promotores, jurados e funcionários municipais se misturam nas calçadas a vagabundos empurrando carrinhos de compras e magros andarilhos sem camisa acocorados junto a barracas esfarrapadas. (Certa manhã, vi um homem agachado ao lado de sua trouxa; ele tomava conta de um coelho marrom de estimação preso a uma coleira.) Os advogados apressam-se ao passar por aquele cenário miserável, matraqueando para seus Bluetooth piscantes e sorvendo o café de embalagens de plástico do Starbucks. Os jurados parecem perdidos, sem saber o que fazer, arrancados que foram da rotina e do trabalho cotidiano. Em alguns quarteirões, enfileiram-se carros da polícia e furgões da imprensa equipados com antenas para transmissão via satélite. Na hora do rush, quem pode se afasta dali.

No primeiro dia da escolha dos jurados, peguei um elevador para o Foltz Center, localizado no nono andar e equipado com detectores de metal (o lugar foi palco de alguns dos maiores julgamentos realizados na cidade, desde o de O. J. Simpson até o do médico de Michael Jackson, passando pelo de Phil Spector), e me sentei num banco duro de madeira a cerca de um metro do réu. Eu o conhecia fazia quase quinze anos, dez dos quais como alguém a quem considerava um amigo: visitei-o em seus clubes e casas, tínhamos frequentes conversas telefônicas e, de passagem, eu observava sua chegada à meia-idade, ao mesmo tempo que o mantinha informado da minha. A não ser na fase final do nosso relacionamento, depois que ele se divorciara de Sandy e quando veio até mim desconcertado com uma experiência pela qual eu já passara alguns anos antes, nunca havíamos sido próximos, amigos íntimos; mas ele era uma figura única em minha vida, objeto de reflexão constante da minha parte. Ao contrário do que planejara, nunca escrevi a seu respeito — meu instinto literário certeiro dera lugar a um desejo de cair nas graças dele. Não obstante, imaginava tê-lo compreendido. Os acontecimentos me mostraram que eu estava errado. Mostraram que muita gente estava errada.

Ele estava vestido de Clark Rockefeller (o nome que usava com seus advogados e que, em vão, pediu que o tribunal reconhecesse), como na época em que o conheci: blazer azul de aluno de escola rica, calça esporte cinza e camisa branca — todas as peças de um número maior que o dele. Continuava a usar sapatos sem meias, exibindo porções de seus tornozelos pálidos, mas trocara os óculos de aro grosso e preto, com os quais eu me acostumara a vê-lo, por um modelo mais professoral, sem aro. Os cabelos estavam mais escuros, haviam adquirido uma tonalidade castanho-clara, e o rosto, mais magro, enfatizava o nariz pontiagudo e as orelhas grandes e pontudas de elfo. De acordo com o passaporte alemão encontrado pelos investigadores num esconderijo onde ele guardava vários objetos pessoais — inclusive diversas pinturas enroladas em tubos e um talão de cheques em branco assinados por Sandy, cujo salário o ajudara a financiar sua farsa —, tinha acabado de completar 52 anos.

Àquela altura, já havia passado quatro anos na cadeia em razão de uma condenação anterior em Massachusetts pelo sequestro da filha, a quem ele chamava de "Snooks", durante uma visita supervisionada em Boston, em 2008. Eu a conhecera em 2002, com um ano de idade, quando fui visitar a ampla casa no campo que ele tinha em Cornish, no estado de New Hampshire. Clark me atraíra até lá com a promessa de me apresentar a J. D. Salinger, que morava nas proximidades e, de acordo com ele, era seu amigo. Mais tarde, no decorrer do julgamento, aquele fim de semana maluco voltaria à minha mente; em retrospectiva, ressurgiria como o instante no qual todas as pistas se esparramavam diante de mim, para que eu as lesse, e eu deveria ter percebido o jogo de Clark. No momento, contudo, minha lembrança mais clara era a da menina. Lembro-me de que ela estava aprendendo a andar. Com os bracinhos abertos, cambaleava em direção ao sofá, de onde Clark a instruía: "Vamos, Snooks, você consegue". Sandy, que acabara de chegar de uma longa viagem de trabalho, assistia à cena, exausta e irritada. A menina conseguiu chegar ao sofá, e todos bateram palmas.

Clark a sequestrou quando ela tinha sete anos. Agarrou-a no meio da rua e a enfiou num SUV alugado cujo motorista fora levado a pensar que o assistente social — que disparara atrás da menina, agarrara a porta do veículo e fora rechaçado — era um homossexual obcecado por Clark que o perseguia constantemente. Vários quarteirões adiante, Clark fez o motorista parar o carro e pegou um táxi para um local predeterminado, onde uma amiga, também ludibriada, o aguardava para levá-lo a Nova York. Lá, supostamente, ele pegaria um iate. (Clark pagou a ela quinhentos dólares pelo serviço, cifra que, aparentemente, era a que estava acostumado a pagar.) De Nova York, ele e Snooks seguiram viagem, não se sabe bem de que forma, até uma casa que Clark havia comprado em Baltimore e onde passara meses preparando nova identidade: Chip Smith — o mais insípido de todos os nomes falsos que ele usou.

O que planejava fazer em seguida, não se sabe. Depois de uma caçada de quatro dias por todo o país, agentes do FBI conseguiram localizá-lo na casa em Baltimore e o atraíram para fora com uma ligação telefônica encenada, na qual lhe disseram que um catamarã que ele comprara estava fazendo água no ancoradouro. Por uma conversa que tivéramos poucos meses antes do sequestro, eu tinha motivos para acreditar que ele pretendia ir para o Peru, um país que, segundo me dissera, se recusava a extraditar pais americanos que fugiam para lá com os filhos. A informação surgiu numa das longas conversas telefônicas que tivemos depois do divórcio de Clark, nas quais ele reclamava da "crueldade" de Sandy, que o havia separado de Snooks. Àquela altura, também eu era um pai divorciado e, portanto, me solidarizei com a frustração dele, ainda que vez por outra a intensidade de Clark me alarmasse. A menção ao Peru como refúgio seguro era parte de uma sondagem perturbadora e transparente quanto a minha própria disposição de agir de maneira extremada no tocante à guarda dos filhos. Clark acreditava que o sistema legal americano desconsiderava vergonhosamente os direitos dos genitores e que nós, vítimas, precisávamos lutar contra aquilo.

O sequestro, que foi notícia na imprensa internacional e mais tarde inspirou um filme para a televisão, desmascarou Clark Rockefeller como uma fraude, o impostor contumaz mais fabuloso da história recente dos Estados Unidos. Vinculou-o também a uma linhagem mais antiga, e de certo modo mais rica, do que a da família que fundou a Esso: a do trapaceiro multiforme, presente na mitologia e na literatura norte-americanas. Em *The Confidence-Man: His Masquerade*, de Melville, trata-se de um demônio mutante que, a bordo de uma embarcação fluvial, se alimenta das fraquezas morais de seus companheiros de viagem. Em *As aventuras de Huckleberry Finn*, essa figura, de novo, ronda o rio Mississippi como o Duque e como o Rei, falsos aristocratas extravagantes cujos trambiques se revestem de um palavrório elisabetano. Em *O grande Gatsby*, é um gângster vaidoso que brota de um garoto de fazenda proveniente da Dakota do Norte. Na série de Patricia Highsmith dedicada a Ripley, surge como um alpinista social diletante e assassino. Em *Ardil 22*, de Joseph Heller, é Milo Minderbinder, o jovial golpista que seria capaz de explodir o mundo, se lucrasse alguma coisa com isso. Trata-se, enfim, do vilão de mil faces, uma espécie de caubói encantador e sinistro, sempre a escapulir na direção do pôr do sol e a ressurgir com a aurora, em nova roupagem.

Mas, se Clark era tudo isso (depois do julgamento, soube que ele compreendia sua origem literária e sentia grande orgulho dela), o que eu era, então? Um idiota. Um idiota teimoso. Quando toda essa história começou a se desenrolar, durante a caçada a Clark, e os Rockefeller declararam não conhecê-lo, eu disse a um colega repórter que estavam mentindo, que se tratava de uma família de covardes fugindo de um escândalo. Só voltei atrás quando o nome alemão veio a público, e a palavra "Lebensraum" ecoou em minha mente. A revelação me tirou do prumo, mas me amoleceu também, sobretudo à medida que mais detalhes do passado de Clark foram revelados nos dias que se seguiram à captura. Também eu tinha sobrenome e sangue alemães e, durante a faculdade, havia passado um verão na Baviera, seu estado de origem. Àquela época, eu tinha dezoito anos, mais ou menos a mesma idade de Clark quando, em 1979, dois anos antes de minha temporada em Munique, ele partira da cidadezinha de sua juventude em direção aos Estados Unidos. Deixara minha própria cidadezinha naquele mesmo ano, a caminho de Princeton. Conhecia aquele anseio. Não admira que tenhamos sido amigos.

Esse estado de confusa identificação terminou quando, duas ou três semanas depois do sequestro, ficou-se sabendo que Clark (o nome Christian jamais me pareceria adequado, porque carecia do ímpeto que eu associava a ele) havia sido ligado, por suas impressões digitais, a um certo Christopher Chichester, que era procurado para interrogatório num caso antigo e ainda não esclarecido de assassinato. Os detalhes terríveis do crime me incomodaram. Em 1985, o cadáver de John Sohus foi desmembrado e enterrado no quintal da casa de sua mãe, onde, nove anos mais tarde, os ossos foram desenterrados por trabalhadores que escavavam o terreno para a construção de uma piscina. Linda Sohus, a esposa da vítima, desapareceu juntamente com o marido. O corpo dela jamais foi encontrado. A polícia tampouco foi capaz de localizar Chichester, que morava num apêndice da casa, construído para hóspedes e alugado para ele pela mãe de Sohus.

Depois de ouvir aquilo tudo e de ver a foto de Chichester — um Clark mais jovem, vestindo paletó e gravata, com um aspecto astuto e uma expressão no rosto de quem estava um passo à frente de todo mundo —, lembrei-me do estardalhaço que ele fizera certa vez ao me falar sobre sua aversão a sangue. Era uma visão que deixava seus joelhos bambos, que fazia sua cabeça girar. Como muito do que ele dizia, aquelas observações tinham vindo do nada, ninguém as solicitara e, ao que parecia, não havia nenhum motivo para que ele as fizesse. Era apenas mais um pouco da colorida névoa que ele esparramava em torno de si, algo que, à época, eu já havia diagnosticado como um tipo suave de logorreia — a compulsão que a pessoa sente de falar sem parar, apenas para se acalmar.

No dia em que entreguei meu celular, as chaves e a carteira para poder passar pelo detector de metais hipersensível do Foltz Center, o choque provocado pelo desmascaramento de Clark ainda não havia arrefecido. Pelo contrário, havia se aprofundado ao longo dos anos, misturando-se e acrescendo-se a todos os outros choques que eu sofrera desde que me tornara seu amigo. O primeiro e mais brutal desses traumas — aquele que, de algum modo, representava todos os outros — aconteceu na fazenda, um dia depois de meu quadragésimo aniversário. Eu estava sentado na minha caminhonete azul, a mesma que havia matado Miles e me ajudado na entrega de Shelby. Estava à toa, parado no caminho que conduzia até a casa, prestes a ir buscar alguns fardos de feno no campo. A meu lado, em pé junto à janela do lado do motorista, estava um amigo de Nova York, que tinha vindo de avião para comemorar comigo o aniversário. Trocamos algumas palavras enquanto eu engatava o câmbio automático e, tão logo os pneus enormes começaram a girar adiante, meu amigo olhou para o chão, bem à minha frente — para um ponto que eu não podia ver, debaixo do capô — e gritou: "Charlie!". Era o nome do meu filho de um ano, que adorava engatinhar. Com o impulso, a caminhonete avançou ainda por uns bons três metros. Eu brequei, enquanto o tempo se alongava e bocejava, e eu me transformava numa partícula de poeira ou cinza voando perdida por um vazio cinzento e repugnante. Pus o câmbio na posição de estacionamento. Desci da cabine. Minha vida acabara de terminar e, portanto, eu estava calmo. Apressei-me porque a situação exigia, mas estava calmo. Com mais quarenta anos pela frente para assimilar a imagem pavorosa que já tomava forma em minha mente, adrenalina e pânico eram irrelevantes.

Charlie estava sentado ereto debaixo da placa do carro, a meio caminho entre os dois pneus traseiros. Meu menino perfeito. A suspensão alta da caminhonete com tração nas quatro rodas possibilitara ao chassi passar logo acima do garoto. Não fazia sentido. A camada de horror — a cena que poderia e deveria ter sido — recobria ainda meus olhos, quando eu o apanhei. Anjos, a Providência. Esses sim, e só eles, faziam sentido. No reino da lógica e da causalidade, eu tinha matado meu filho, no entanto o amor vencera a física, e ali estava ele nos meus braços, apertado contra meu peito, sem exibir nada mais que uma mancha rosada na testa, onde o diferencial da caminhonete havia arranhado a pele.

Aquele acidente chacoalhou minha vida. Dois anos depois, estava divorciado. Trabalhava demais. Na verdade nunca combinamos muito bem. Mercúrio retrógrado. As coisas mudam. Comparado a tudo mais que pode acontecer neste mundo, e ao que quase acontecera um dia depois daquele meu aniversário, o divórcio me pareceu apenas um assunto de trabalho, um procedimento adulto e triste. Afinal, eu tinha me casado com uma adolescente, o que esperava? Esperava ser a exceção, como sempre. Acho que não fui. O que era sentimento se transforma em estatística. Mantive a fazenda por um tempo, algo que parecia importante, mas o dinheiro foi acabando e eu a vendi para um vizinho que, por acaso, era corretor imobiliário. Alguns dias mais tarde, ele a revendeu para um sujeito rico à espera de uma oportunidade para comprá-la e embolsou uma bela margem de lucro.

Eu via meus filhos — Charlie e sua irmã mais velha, Maisie — a cada quinze dias, uma periodicidade que transforma a paternidade em algo parecido com aquela animação que se faz desenhando em folhas consecutivas de um bloco de papel. Às vezes, meus filhos cresciam mais de um centímetro entre uma visita e outra. O tempo entre elas, eu o preenchia com namoradas, trabalhos para revistas e espasmos esperançosos de malhação em academia. Homens sozinhos não levam uma vida original. Comemos no bar, pedimos prorrogação para a entrega do imposto de renda, ligamos com exagerada frequência para nossas mães preocupadas, e não mais para contar novidades interessantes — esse tempo já passou, e é possível que não tenha deixado saudade —, e sim para relatar alguma briga com a ex-mulher ou pedir conselho sobre o que dizer ao garoto flagrado vendo pornografia na internet. É melhor, julgamos, do que não ligar para ela, que deve pensar o mesmo porque, afinal, atende o telefone.

Até que, um dia, ela não atende mais. No verão de 2011, depois de um mês de misteriosos calafrios e dores de cabeça que ela própria diagnosticou como doença de Lyme e tratou com Excedrin e doxiciclina, minha mãe morreu de um abscesso cerebral. Tinha apenas 71 anos. Sucumbiu na casa do namorado, em Iowa, depois de uma visita de três dias à famosa feira estadual. Sua última refeição foi uma raspadinha. Ela permaneceu em coma por tempo suficiente para que eu chegasse ao hospital em Des Moines e, em consonância com seu desejo, expresso num documento que ela levava dobrado na bolsa, autorizasse o uso de morfina e aliviasse, assim, sua partida. Como alguém havia me dito que a audição é o último dos sentidos que se vai, pus meu celular ao lado do travesseiro e toquei para ela "I shall be released", de Bob Dylan. No dia seguinte, fui até a casa dela, em Minnesota. No centro da mesa da cozinha, presa a uma daquelas estruturas de arame que os floristas põem em buquês para segurar o cartão, encontrei uma nota com números de contas bancárias e nomes de advogados. Em cima, lia-se: "Caso eu morra".

O resultado cumulativo de todos esses choques foi acabar com certa reserva de coragem básica que, desde a infância, eu imaginava eterna. Não estava deprimido, mas sofria, antes, de uma hesitação crônica. Decisões simples, que antes eu tomava sem pensar — convidar ou não uma mulher para sair, deixar ou não a chave da porta com o encanador, responder ou não a uma chamada telefônica proveniente de um número desconhecido —, pareciam carregadas de incerteza e perigo. Não ajudou em nada o fato de, lá em Massachusetts e, depois, na Califórnia, meu velho amigo Clark, sob um nome estrangeiro, estar às voltas com a Justiça criminal: em primeiro lugar, por um crime cometido à época em que já nos conhecíamos e que me surpreendera, embora não devesse ter me surpreendido; em segundo, por um crime mais antigo e odioso. Quanto mais eu refletia sobre nossa amizade, mais aquele crime parecia ter estado aninhado em nossas conversas como uma serpente minúscula, embrionária.

— Hitler foi para o céu.
— O sangue do artista.

Eu não o conhecia. Tinha interpretado tudo errado. Ainda que aquele não tivesse sido o golpe mais duro da década, talvez tenha sido o mais desestabilizador, o que mais minou minha confiança nos outros e o que arrasou minha fé em minha capacidade de julgamento. Qualidades minhas que eu achava louváveis — a curiosidade, a mente aberta, o entusiasmo — de súbito pareciam fraquezas ou defeitos. "É impossível enganar um homem honesto", dizia-se antigamente, sugerindo que cair na lábia de um charlatão implica debilidade moral também da vítima. Isso eu tinha, e muito, como bem sabia, graças à minha criação como mórmon. Eu mentia de vez em quando, sobretudo quando o assunto era sexo. Tinha duas caras quando confrontado com autoridades, as quais bajulava ao mesmo tempo que me sentia ofendido por elas. Ser cáustico por vezes me agradava também. E a confiança nas pessoas, que eu considerava parte da minha natureza, era, se examinada de perto, uma espécie de indolência. Em vez de me empenhar para conhecê-las melhor, eu decidia que elas eram quem eu queria que fossem, e as descartava quando se revelavam outra coisa. Esse ciclo da decepção acontecia com frequência. Que não tivesse nem chegado perto de acontecer com Clark — que ele nunca tenha divergido das fantasias que eu nutria a seu respeito —, haveria de ter sido um sinal.

Outro sintoma da minha lassidão espiritual era a Ritalina que eu tomava quando o conheci. Seu efeito era prover-me de energia barata no momento certo, e, graças ao modo como eu vivia e trabalhava à época — equilibrando prazos de entrega de trabalhos, afazeres na fazenda e crianças pequenas —, minha demanda por energia barata era enorme. Os ciclos de euforia e exaustão a que o remédio induzia provocaram muitos tombos e escorregões. Torrei milhares de dólares negociando ações on-line. Compre ações da Lucent Technologies a 28, venda correndo quando cair para 26, recompre quando atingir 27, espere subir, dobre a aposta quando a ação disparar, entre em pânico quando começar a cair, venda metade, venda tudo, compre ações da Apple, e assim por diante. Nesse estado de confusão, certa vez fui comprar um carro. Ao lado do vendedor, debrucei-me sobre sua tela de computador para escolher entre opções que iam aparecendo no monitor sob a forma de um veículo animado; as cores não paravam de mudar, porque eu não conseguia me decidir por uma delas. Talvez os comprimidos tenham sido uma das razões pelas quais caí na conversa de Clark. O estado que eles suscitavam era o de uma prontidão promíscua, indiscriminada, desprovida de todo e qualquer discernimento.

Ou talvez meu egoísmo tenha funcionado como um chamariz. Talvez ele tenha me tornado um alvo mais atraente. Minha história com Clark era uma via de mão dupla, uma parceria; isso significa que o que quer que eu tivesse visto nele, também ele descobrira alguma coisa em mim. Tipos como ele leem as pessoas, segundo dizem os livros, e sempre que falam estão, na verdade, escutando, alertas para sinais sonoros e ecos. Usam sonares, e não perguntas. Clark nunca me fez pergunta nenhuma. Suspeito que uma das qualidades que ele captou em mim logo cedo foi meu jeito colaborativo de ouvir. Em vez de me retrair diante de suas histórias delirantes, eu o ajudava a refiná-las, na medida em que pedia mais detalhes e, assim, as compelia na direção de uma vivacidade mais intensa. Esse é um dos serviços que Nick presta a Gatsby: ao desempenhar o papel do interlocutor ideal, ele consolida o eu fabricado do amigo.

Clark terá sentido não apenas minha ânsia de confiar, mas igualmente de ser confiável. Em nossa primeira conversa telefônica, ele havia me dito que seu avião estava na China com a mulher e, no entanto, a esposa dele estava em Nova York quando cheguei com Shelby. Não me lembro de ele ter me explicado aquela incoerência. Lembro-me, sim, de tê-la notado e não ter dito nada. O que é que faz com que as pessoas — ou apenas pessoas como eu — prefiram deixar passar uma mentira, desejar que ela não exista ou minimizá-la a apontá-la e, com isso, causar embaraço ao mentiroso? Por que preferimos que os outros nos vejam nus a vê-los nus nós mesmos? Polidez é a resposta que sempre imaginei. Em essência, a polidez é uma cegueira simulada. Mas Clark percebeu que era outra coisa. Ele sabia que minha opção por poupá-lo de toda e qualquer vergonha, por mínima que fosse, por vê-lo como ele queria ser visto, provinha de um anseio egoísta por uma aliança. Eu fechava os olhos quando ele tropeçava, ficava surdo quando ele dizia alguma impropriedade. Ele podia contar comigo.

Eu cheguei àquele seu julgamento por assassinato com muitas perguntas, a começar de por que, um dia, ele havia me impressionado tanto, e como eu podia, em tantos casos — alguns deles ainda em vias de vir à tona —, ter sido tão imbecil, tão obtuso. Além disso, queria saber se suas pretensões podiam ser vinculadas a uma natureza violenta (se é que ele possuía uma "natureza", o que é uma questão mais ampla). E havia ainda outro fator: eu tinha ido ali para concluir uma história, aquela que havia pensado em escrever ao conhecê-lo, mas da qual abriria mão depois, por respeito a nossa amizade.

Ainda me lembrava de onde estava ao descartar a ideia de usá-lo como personagem, até mesmo numa obra de ficção. O Lotos Club, na rua 66 Leste, é um refúgio tranquilo e chique para as elites culturais de Manhattan. Mark Twain foi um de seus sócios. Chamou-o de "o clube dos clubes". A decoração bem cuidada e a iluminação misericordiosa lembravam uma esplêndida funerária ou um clube de catedráticos frequentado por fantasmas eruditos. Naquela tarde, estávamos sentados em cadeiras de espaldar alto, o centro das atenções de funcionários rancorosos e já de certa idade, que deixavam evidente a repugnância que sentiam por nós. Ele bebia gim com tônica; eu, uma Coca com limão. Não me lembro dos assuntos que discutimos, mas eles com certeza passavam pela política global e por seu arquitema: a decadência do Ocidente em contraste com o ímpeto e a disciplina asiáticos. Atrás da cadeira de Clark via-se o retrato de alguma sumidade fitando, imortal, um futuro que ele certamente iria moldar. Talvez o tenha feito; não o reconheci. Meu palpite era que isso não o teria incomodado, já que homens de efetiva influência operam longe dos palcos.

Eu queria ser convidado a voltar ali, gostava do efeito que o clube exercia em mim. Gostava de como ele me fazia segurar meu copo, isto é, não embrulhado nos dedos e apertado contra a palma da mão, como eu faria num restaurante, e sim com leveza, com as pontas precisas e firmes dos dedos. Gostava também de como me sentia confortável, sentado de lado na almofada da cadeira, a cabeça levemente tombada, o polegar no osso malar, os tornozelos cruzados, reagindo ao fluxo das observações de Clark com ajustes na tensão da testa e na posição do queixo. Pressenti que não era o único ali a ter estudado em Princeton. E duvidava que fosse o único oxfordiano. Aquele ali, de gravata listrada, não era o pai do meu colega de quarto? As dobras que atravessavam o peito do pé de seus brogues eram exatamente as que eu queria para meus sapatos um dia. Montana — talvez eu tivesse ido parar lá por engano. Longe demais. Talvez estivesse na hora de voltar para o centro. ("Acho que você acertou na mosca, Clark. Acho mesmo. Imagino que isso é o que a maioria das pessoas pensa, mas ninguém diz.") Compúnhamos uma dupla interessante: o romancista de cidade pequena e o Rockefeller solitário. Eu levava até ele notícias das pessoas comuns, da balbúrdia humana, e ele me trazia notícias do ninho olímpico das águias. ("Acho que agora vou pedir uma água tônica com limão. E pode ficar com os amendoins. Para mim, já chega.") Ele invejava minha mobilidade, minha liberdade; eu cobiçava sua segurança, sua tranquilidade. O engraçado era como eu me sentia inclinado a protegê-lo. O legal era como ele parecia se sentir seguro comigo.

Essas lembranças parecem-me absurdas agora, uma capitulação ridícula, vergonhosa. Eu havia reverenciado um príncipe de araque, beijara seu anel, e a ironia era que o anel de verdade estava no meu dedo. De nós dois, o único que tinha frequentado uma universidade de elite era eu; o tipo que combinava com o Lotos Club estava sentado na minha cadeira. Eu invertera tudo, estava tudo de cabeça para baixo, ao contrário. Eu, o aspirante bajulador, era quem tinha capacidade de conferir status, e creio que, de alguma maneira doentia, estava fazendo isso. Clark deve ter adorado me ver degradando-me daquele jeito. Pior que isso: degradando minha vocação. Conceder imunidade literária à criatura mais estranha que eu já vira era algo que violava meu juramento como contador de histórias. Escritores existem para explorar figuras como aquela, e não para salvá-las. Nosso dever é para com a página, e não para com a pessoa.

O julgamento era minha chance de corrigir aquilo tudo, de desfazer um trato com o qual eu não devia ter concordado — pensando bem, ninguém solicitara minha concordância: eu havia feito aquele trato unilateralmente, apenas comigo mesmo, na esperança de que Clark viesse a recompensar minha generosidade.

O julgamento significava que a história de Clark se aproximava de uma conclusão. Se eu tinha esperança de recuperar o tempo perdido e de dar a ela algum sentido, aqueles eram o momento e o lugar. Dois resultados básicos eram possíveis, e duas morais. Se Clark fosse julgado culpado, ficaria provado que Abraham Lincoln estava certo — não se pode enganar todo mundo o tempo todo —, e eu estaria presente para saborear o merecido castigo e tomar parte em minha própria redenção. Se fosse considerado inocente, porém, toda aquela história terminaria com uma nota perversa, pós-moderna, e Clark bem poderia emergir dali como uma celebridade, provando que o mundo era ainda mais ingênuo que eu. Sentia-me preparado para ambas as possibilidades, embora temesse que a segunda — um limbo — fosse a mais provável.

O caso recebeu um nome que parecia destinado a provocar confusão: "O povo do estado da Califórnia, demandante, contra Christian K. Gerhartsreiter, vulgo Christopher Chichester, vulgo Christopher Crowe, vulgo C. Crowe Mountbatten, vulgo Clark Rockefeller, vulgo Charles 'Chip' Smith". A composição do júri me preocupava. A escolha dos membros seria feita entre moradores dos mesmos bairros que haviam fornecido a O. J. Simpson um júri inepto. Veteranos frequentadores do tribunal diziam que jurados do centro de Los Angeles compartilhavam uma desconfiança automática contra todo tipo de autoridade e franca antipatia pela polícia. Eu ouvira também rumores acerca do desdém que nutriam por provas circunstanciais, uma vez que teriam supostamente aprendido com seriados de TV que esse tipo de indício valia menos que provas contundentes, como traços de DNA ou fibras microscópicas. Se tal predisposição era fato, ela favoreceria a defesa. A julgar pelo que fora divulgado antes do julgamento, eu sabia que a acusação dispunha quase que tão somente de provas circunstanciais — ou seja, uma história incriminadora sobre o comportamento peculiar de Clark antes do assassinato e de seu posterior comportamento evasivo.

A escolha dos jurados durou o dia todo. No corredor do lado de fora da sala do tribunal, o grupo de poucas dúzias de possíveis escolhidos combinava bem com os cúmplices de chefes de gangues locais cujos julgamentos aconteciam no mesmo prédio. Nem um só candidato se parecia com Clark ou com alguém em cuja companhia ele pudesse relaxar um pouco no Lotos Club, mas muitos ostentavam sinais étnicos ou de classe social que os classificavam na categoria dos "serviçais", aquele tipo de pessoa que, com toda probabilidade, ele já havia contratado para cuidar da faxina ou do jardim. O eufemismo que vinha à mente de imediato era o que os descrevia como "tipos urbanos". Um homem de meia-idade, de origem latino-americana, barriga imponente, bigode crespo assentado com fixador e curvado nas extremidades pontudas, com uma considerável tatuagem parcialmente visível acima do colarinho, entrou de chapéu de palha e óculos escuros na sala, quando o funcionário chamou seu nome. "A defesa com certeza vai querer aquele sujeito no júri", sussurrou Frank Girardot, editor do *Pasadena Star-News* e veterano na cobertura de tribunais, inclusive do julgamento de O. J. Simpson. Tinha razão: o grandão foi um dos escolhidos.

O juiz, George Lomeli, examinou toda a longa procissão de candidatos, muitos dos quais falavam um inglês titubeante, ao passo que outros pareciam já ter ultrapassado o apogeu da agilidade e da capacidade de análise de seus intelectos. Lomeli parecia apropriado para o caso, um homem charmoso, perspicaz mas cordial, que combinava autoridade com humor e tinha até um quê da velha graça hollywoodiana. Causava boa impressão em sua beca, que combinava com os cabelos e o bigode, e apelava para o espírito de cooperação dos candidatos prometendo-lhes um julgamento "interessante". Ainda assim, muita gente tentou se safar, alegando problemas no trabalho, dificuldades familiares ou feriados religiosos. Ao que tudo indicava, entre os mais dispostos a cumprir com seu dever, alguns não tinham muito mais que fazer. Aquilo me preocupou. Se eu, formado em Princeton e Oxford, tinha caído nos engenhosos estratagemas de Clark, como, então, aquelas pessoas conseguiriam ver o que havia por trás do véu? No caso de alguns jurados, eu temia um choque cultural. Tinha visto uma lista das testemunhas de acusação e, entre elas, se incluíam vários almofadinhas do mercado financeiro, gente que conhecera Clark no final dos anos 1980, quando ele se chamava Christopher Crowe e era um faminto corretor de Wall Street. Os jurados da classe trabalhadora poderiam se desconcertar com os boas-pintas, ou mesmo odiá-los de imediato. Faria diferença? Não tinha ideia. Eu jamais assistira ao julgamento de alguém acusado de assassinato. E com certeza jamais tivera algum interesse pessoal em jogo num evento semelhante.

O que estava em jogo para mim nesse caso era algo difícil de definir. O mal que Clark me causara não fora grave o bastante para instilar em mim um desejo de vingança, mas eu tampouco o queria bem. Assassinato à parte, ele ainda tinha muito pelo que responder. Era provável que o julgamento o condenasse por muita coisa, embora lhe poupasse da condenação última. Era um espetáculo gratificante e fascinante. Eu tinha esperança de que o tempo que eu passaria ali me educasse, me endurecesse. Seduzido que fui pelo número de mágica de Clark, agora eu teria acesso aos bastidores e aos segredos dos truques que ele realizara. "Esse Walter Kirn é mesmo astuto, quando se trata de avaliar o caráter de alguém" — isso jamais havia sido dito a meu respeito. Talvez o julgamento me despertasse.

Enquanto os jurados em potencial passavam pelo juiz, Clark se voltava e os observava de sua cadeira. De vez em quando, oferecia-lhes sorrisos tristes, fingindo solidarizar-se com suas queixas; a maior parte do tempo, porém, dirigia-lhes o olhar distanciado e atento de um antropólogo em plena pesquisa de campo. Quem *eram* todas aquelas pessoas, tantas delas *tão* escuras? Que ritual *era* aquele que se desenrolava ao seu redor? Eu nunca tinha visto um alemão parecer tão alemão como Clark ao avaliar seus prováveis avaliadores. Os olhos eram como duas moedinhas azuis por trás das lentes dos óculos. Um pé sem meia batucava debaixo da cadeira. Na mão direita, ele equilibrava um toco de lápis sobre o bloco de notas de folhas amarelas. Ouvira dizer que ele estava escrevendo um romance na prisão, um épico em diversas partes que versava sobre política europeia e se estendia do final da Primeira Guerra até a década de 1960. Era competente, mas aborrecido, tinham me dito: continha bom trabalho de pesquisa, mas era enfadonho.

Eu não tinha muita dúvida de que ele era culpado. Vinte e oito anos antes, no estado da Califórnia, Clark matou o filho adotivo de sua senhoria e, desde então, sua vida se tornou uma farsa. O julgamento permitiria à acusação colorir e comprovar essa história que, em esboço, eu conhecia e julgava crível. O que já não achava crível era minha própria pessoa. Quando fiquei sabendo que Clark podia ser um assassino e, instintivamente, considerei a ideia plausível, aquilo exerceu notável efeito sobre mim. A revelação tornou-me humilde e produziu um completo rearranjo: ela me mostrou a dimensão e o poder de minhas ignorância e vaidade.

Cerca de duas horas depois de iniciada a seleção dos jurados, e enquanto examinava outro candidato, Clark olhou para o lado e me viu sentado ali. Acenei para ele com a cabeça, pensando que talvez fosse responder ao aceno — afinal, meu rosto lembrava dias melhores. Em vez disso, dirigiu-me um olhar de desprezo, arqueou as sobrancelhas, torceu o nariz e retorceu os lábios para cima, num bico horroroso e afetado. O olhar, cheio de maldade e desdém, indicava que ele via minha presença ali como uma traição ao nosso relacionamento, como uma atitude indigna de um cavalheiro. Eu via as coisas de outra forma, é claro. Para mim, nosso relacionamento era a traição. E não estava nem aí com ser ou não um cavalheiro.

Até que tornássemos a nos encontrar, depois de terminado o julgamento, Clark fingiu que eu não estava ali.

5.

Christopher Chichester era um baronete, uma espécie de aristocrata britânico de menor calibre. Assim dizia o cartão em papel velino que ele distribuía em eventos sociais ligados à igreja e em reuniões do Rotary, um cartão que trazia também um lema em latim cuja tradução — caso alguém se interessasse em verificar — era "firme na fé". Ele dizia às pessoas que possuía parentesco distante com Sir Francis Chichester, figura de elevado renome que circundara o globo num veleiro, o *Gipsy Moth*. Dizia também conhecer George Lucas, o criador de *Guerra nas estrelas*, em consonância com o hábito, cultivado a vida inteira, de postular algum tipo de envolvimento com todo e qualquer filme que estivesse em voga em dado momento.

Era o início da década de 1980, mais ou menos à época em que eu, em Oxford, estudava com nobres ingleses de verdade, e, nos Estados Unidos, reacendia-se o ardor pela hierarquia, pelo pedigree e pela pompa, depois de um longo período de um populismo rasteiro e entorpecente. Não que a enfadonha San Marino, um rico enclave nas proximidades de Pasadena fundado pelo avô do general George S. Patton, tivesse algum dia sucumbido ao evangelho hippie. A cidade constituía uma caprichosa fortaleza dos privilegiados, com casas que imitavam solares tudorianos, *châteaux* franceses e outras imponentes residências do Velho Mundo, embora com aquela predileção californiana pela cópia climatizada em lugar do original mal ventilado. Suas árvores frondosas eram prodígios da fotossíntese, um dossel de verdor que varria a neblina e detinha o calor. Os carros nas garagens brilhavam como num showroom. Ali moravam os Chandler, que publicavam o *LA Times*; John McCone, que chefiara a CIA. A Huntington Library, fundada por um barão do transporte ferroviário, abrigava uma das onze cópias existentes em papel velino da Bíblia de Gutenberg, bem como diversas edições *in quarto* de *Hamlet* e, talvez, a mais bela coleção de retratistas britânicos do século XVIII, inclusive Thomas Gainsborough e seu *The Blue Boy*.

Christopher Chichester encontrara sua Oz, sua Xanadu, sua West Egg. O caminho havia sido longo e tortuoso. Filho de um pintor de paredes e de uma costureira, ele cresceu numa aldeia bávara católica e rural chamada Bergen, o equivalente alemão daquelas sufocantes cidadezinhas norte-americanas descritas em canções country. Seus habitantes lembram-se dele como um rapaz inteligente, insatisfeito, apaixonado por Hollywood e rude — um garoto que, certo dia, soprou pimenta no rosto de um professor e que gostava de arrumar briga. Numa matéria publicada no *Boston Globe* após o sequestro de Snooks, seu irmão mais novo, Alexander, declarou: "Eu acho que a Alemanha era pequena demais para ele. Ele queria viver no grande país e, quem sabe, ficar famoso". Pegando carona na estrada num dia de tempestade, ele foi acolhido por um casal em férias na Alemanha, um dentista californiano e sua esposa, os quais, assim imaginou, poderiam ajudá-lo em seu intento. Convidou os dois para ir jantar na casa de sua família e extraiu deles uma série de informações sobre os Estados Unidos.

Passados poucos dias, ou talvez algumas semanas, ligou para o casal e anunciou que fizera a travessia.

Escolheu Berlim, no estado de Connecticut, como porta de entrada, talvez porque o nome o lembrasse de alguma coisa. Por intermédio de um anúncio de jornal, encontrou ali uma família disposta a hospedar um estudante em regime de intercâmbio. Matriculou-se no colegial. Contou às pessoas que seu pai era um industrial e desenvolveu um estilo baseado numa caricatura pop de riqueza: em Thurston Howell III, do seriado *A ilha dos birutas*, um de seus programas favoritos de TV. Quando a família que o hospedava se cansou daquela sua pose peculiar, ele se foi para o estado de Wisconsin e se fixou em Milwaukee, uma cidade de cervejarias e *bratwurst*, refúgio apropriado para um jovem alemão ainda a caminho da desnaturalização. Estudou comunicações numa universidade local, abreviou o sobrenome para "Gerhart" e arranjou um casamento rápido para obter o *green card*. Pronto para o passo seguinte, abandonou a esposa, os amigos, o próprio nome e correu para a Califórnia.

Lá, entocou-se na Los Angeles branca, ao pé das montanhas. Entrou por Pasadena e, mais especificamente, por sua igreja episcopal de St. James. Entendia o poder de Deus como referência de caráter. Acompanhava os fiéis todo domingo, fez-se amigo do padre e morou de aluguel numa série de aposentos de propriedade dos paroquianos, sem jamais permanecer muito tempo em nenhum deles. Dizia estudar cinema na Universidade do Sul da Califórnia e culpava pais avarentos pela falta de recursos. Em seguida, ascendeu na escala dos códigos postais ao mudar-se para San Marino, onde alugou um quarto de hóspedes nos fundos da casa de Didi Sohus, uma mulher solitária, já no final da meia-idade, que bebia, fumava, não conseguia cuidar nem do próprio quintal e bebia e fumava. Didi era de um tipo — dona de propriedade, isolada, fora do mundo — que o tipo de Christopher apreciava.

Como fazia para pagar o aluguel, isso nunca ficou claro. Depois do julgamento, quando enfim nos reencontramos, ele costumava me contar uma história sobre importar chá diretamente da Ásia, de uma grande propriedade rural, e vendê-lo a igrejas e a uma organização de veteranos de guerra, mas eu tinha tão poucas razões para acreditar naquilo quanto seus vizinhos na Califórnia, quando ele lhes contou ser proprietário de um carro falante. (Coincidentemente, *A supermáquina*, série de TV da época, apresentava um veículo desse tipo.) O que se sabe, no entanto, é como ele pagava por suas refeições. Não pagava. Ia à barbearia local e ficava ouvindo a conversa dos fregueses — entre eles, os Chandler, cujos cortes de cabelo conservadores adotara —, enquanto tomava café de graça e folheava os jornais à disposição. No momento certo, fazia um comentário ou uma pergunta a fim de introduzir-se no fluxo da conversa. Era possível que o resultado fosse um convite para o almoço ou o café da manhã, que ele, então, aceitava. Quando chegava a conta, não estava com a carteira porque não planejara ir comer alguma coisa naquele momento. Pagaria na próxima vez. Esse adiamento eterno tornou-se seu método. Christopher se dava muitíssimo bem naquele vácuo existente entre as ações e suas consequências, entre dissimulação e descoberta.

"Ele não tinha muito conhecimento", Jann, o dono da barbearia, me contou certo dia, ao sairmos da sala do tribunal, "mas tinha o suficiente para que as pessoas acreditassem que ele sabia das coisas."

O baronete não se dignava a falar com qualquer um. Segundo a maioria dos relatos, uma pessoa que ele ignorava era John Sohus, um sujeito meio esquisito, então com cerca de 25 anos. John, que morava na casa com a mãe, era adotado e diabético. Jogava Dungeons and Dragons, adorava Tolkien e sabia programar um Apple II numa época em que essa capacidade não era um caminho para ganhar muito dinheiro, e sim um feito que, entre seus pares, rendia prestígio apenas mediano. John era baixinho. Sua namorada, Linda, que trabalhava numa livraria especializada no gênero fantasia em San Fernando Valley (a livraria se chamava Dangerous Visions, "visões perigosas"), era pelo menos 15 centímetros mais alta e tinha 25 quilos a mais que ele. E tinha por hobby pintar unicórnios e centauros, passatempo que ela tinha esperança de, um dia, transformar numa carreira. O casamento dos dois foi celebrado com uma festa à fantasia marcada para uma data duplamente assombrada: o dia de Halloween de 1984. (Um dos convidados era um robô; outro, um demônio chifrudo.)

Alguns meses mais tarde, assim dizia a acusação, o estudante de cinema — que não estava matriculado na escola de cinema nem parecia fazer progresso nenhum em Hollywood, a despeito de suas supostas ligações com diretores de ponta — afundou o crânio de John com três golpes desferidos com um objeto contundente e o esfaqueou repetidas vezes nas costas e nos braços com algo penetrante, semelhante a uma navalha. O motivo do crime não foi estabelecido (a lei da Califórnia não o exige), mas talvez fosse uma herança modesta que John iria receber e que Chichester cobiçava. Posteriormente, investigadores entrevistariam uma mulher segundo a qual ele teria extorquido dela a quantia de 40 mil dólares pelo direito de tomar conta de Didi que, adoentada, se sentia abandonada pelo filho desaparecido. Em 1987, com John ainda desaparecido, Didi incluiu a cuidadora em seu testamento e morreu logo depois, ainda sob os cuidados dela. Chichester apareceu para dividir o dinheiro, porém não restava muito, a mulher contou à polícia, dizendo também que o mandara embora insatisfeito. No julgamento, essa história não pôde ser utilizada pela acusação porque a mulher morreu na noite anterior à data de seu depoimento formal.

É possível, portanto, que Chichester tenha matado John Sohus em vão. Também pode ter sido em vão o que ele fez a seguir:

Cortou o corpo de John em três pedaços, possivelmente com

uma serra elétrica que pedira emprestado a um vizinho por volta da mesma época;

Pôs a cabeça dentro de duas sacolas de plástico, ambas provenientes de livrarias situadas em universidades: a Universidade de Wisconsin e a Universidade do Sul da Califórnia;

Embrulhou as mãos em sacos plásticos de mercearia;

Envolveu o torso em folhas de plástico;

Cavou um buraco de quase um metro de profundidade no quintal, enfiou ao menos parte dos restos mortais num tambor de fibra de vidro e enterrou tudo;

Enxugou o sangue em seu quarto de hóspedes e queimou o carpete;

Devolveu a serra elétrica;

Deu um jeito para que lhe enviassem da França uma série de cartões-postais escritos ou por Linda ou por um falsificador que conhecia bem a letra dela — talvez o próprio baronete —, informando a sogra e diversos amigos que ela e John estavam curtindo férias no exterior.

Mas Linda não estava na Europa: tinha desaparecido. Ela nunca mais foi trabalhar na Dangerous Visions. Nunca atendeu aos telefonemas do homem que havia comprado duas ou três de suas pinturas — as primeiras que lograra vender! E tampouco foi a Phoenix com a melhor amiga para a grande convenção de obras de ficção científica e de fantasia que as duas haviam combinado visitar. Perdeu também a pequena festa ao ar livre que Chichester organizou alguns meses depois, postando uma mesa no quintal junto do montinho de terra que encimava a cova de John.

Foi a bordo da nova caminhonete Nissan branca de Linda que Chichester retornou à Costa Leste, onde moram todos os presidentes freelance de banco central amantes de cães.

Duas noites antes do início do julgamento propriamente dito, dormi em meu carro no estacionamento de uma farmácia localizada em algum ponto entre o aeroporto e o centro da cidade. Eu tinha vindo de Malibu, onde alugara um pequeno apartamento, para conversar sobre o assassinato durante um jantar com um novo amigo, o romancista James Ellroy, autor de *Los Angeles, cidade proibida*, que via Clark como um psicopata de carteirinha. Perdi minha saída e acabei numa autoestrada — não naquela pela qual passara antes —, avançando pela escuridão com os olhos fixos no mapa mostrado pelo aplicativo do meu celular, onde meu carro era representado por um ponto azul e meu destino, um restaurante, por um ponto vermelho. Por um período de tempo que acreditei ser de vinte minutos, mas que se revelou ser de uma hora inteira, segui aquele ponto, em vez de atentar para a sinalização na estrada, e só me dei conta de que estava perdido quando me vi num beco esburacado de um bairro deserto, composto apenas de armazéns abandonados. Como Ellroy não tinha celular, tive de ligar para o restaurante e pedir que o chamassem. Depois de, enojado, desligar meu aplicativo, descrevi minha localização valendo-me dos pontos de referência de que dispunha
— Você não está nem em Los Angeles ainda — ele me disse.
— Está bem longe, em San Pedro. Fez besteira.
Disse-lhe que jantasse sem mim. Em seguida, acabou a bateria do meu celular. Tentei recompor minha rota de memória. Por volta da meia-noite, comprei um mapa numa loja de conveniência cujo aspecto era o de um estabelecimento assaltado semanalmente por drogados armados, mas que, ainda assim, seguia vendendo Red Bull e cigarros. Depois de dirigir noventa minutos e descobrir que estava de volta a San Pedro, desisti. O cansaço e a expansão urbana haviam me derrotado. Enrolei uma jaqueta de couro para me servir de travesseiro. Às quatro da manhã, acordei em pânico, convencido de que Clark sairia livre do julgamento e, de algum

modo, viria atrás de mim, provavelmente na pele de outra pessoa. Lembrei-me então do sonho que havia desencadeado aquele pensamento. Nele, um carro da polícia me parava numa estrada de terra, e eu aguardava para mostrar minha carteira de motorista a um policial que, assim eu via pelo retrovisor, vinha na minha direção. O corpo do homem crescia a cada passo que ele dava, porém sua cabeça não parava de encolher. Quando alcançou meu carro, ele já não tinha cabeça nenhuma. Mas tinha uma voz: a de Clark. Em seguida ele me pediu um documento de identificação, e eu acordei.

Por trás daquele sonho estava uma lembrança ruim que me acompanhava fazia vários anos, desde que eu ficara sabendo da acusação de assassinato. No final de outubro de 1998, poucos meses depois de eu ter levado Shelby a Nova York, abri um e-mail endereçado a múltiplos destinatários — entre eles, os Piper —, no qual Clark descrevia um colapso nervoso sofrido enquanto ele, supostamente, participava de uma reunião nas Nações Unidas. A culpa, ele dizia, era das pressões inerentes a sua atividade como banqueiro. Culpava também o trabalho que dava cuidar de um cachorro doente, que acordava cedo e encurtava seu sono. Por ordem do médico, que o aconselhara a mudar seu estilo de vida, ele planejava fechar seu escritório na primavera seguinte e passar a trabalhar "virtualmente". No mesmo e-mail, mencionava ainda a intenção de tirar um ano sabático. "Talvez eu vá para a casa de verão de um amigo, na região da Bretanha/Normandia", escreveu, "ou posso mesmo ir visitar o estado natal de Shelby, Montana."

Aquelas palavras inquietaram meus nervos. Não podia imaginar combinação pior que Clark e o céu de Montana. Ele não podia estar falando sério. Perguntei-me se seu plano envolvia os Piper, com os quais eu perdera contato em meio aos preparativos para o nascimento do bebê, em novembro.

O nascimento de minha filha, Maisie, algumas semanas mais

tarde, afastou Clark e o conteúdo de seu e-mail de meus pensamentos. Maggie deu à luz uma menina corada e vociferante, que veio ao mundo com o mesmo ímpeto que demonstra ainda hoje, catorze anos depois. Na manhã seguinte à do seu nascimento, meu agente vendeu um romance de minha autoria que dezessete editoras haviam recusado. Sob a orientação de meu novo editor, passei cada uma das noites do mês seguinte revisando o romance em minha cozinha inacabada, sentado no chão e com o computador empoleirado sobre um balde de vinte litros de massa de rejunte para drywall. Para que Maggie pudesse dormir, eu deitava Maisie num cesto de roupas e a observava enquanto trabalhava. Espantava-me toda vez que nossos olhos se cruzavam; os dela ainda possuíam aquela serenidade indiferenciada de pequenos portais azuis abrindo-se para outras galáxias. Reconheciam tudo e nada. As pupilas eram como Budas negros perfeitos.

Então, em algum momento desse interlúdio, Clark me ligou. Começou a conversa com sua saudação habitual: *Long time, no speak*, em vez do tradicional *Long time, no see*. (Boa parte de seus coloquialismos era assim, composta de variações de fórmulas conhecidas que não eram tão engraçadas quanto ele parecia supor.) Depois de eu lhe contar as novidades de minha parte, ele se pôs a repetir para mim a história de seu colapso nervoso, com ênfase particular em sua jornada rumo ao inconsciente e em sua intenção de descansar, isto é, de diminuir a atividade como consultor, dedicada a reestruturar a dívida do Terceiro Mundo e a revigorar economias nacionais que padeciam de males que ele temia serem incuráveis.

— Talvez eu queira passar o próximo verão aí, com você — disse-me. — Acho que Montana poderia ser a solução para mim.

— Aqui, comigo?

— Na sua fazenda — confirmou —, só enquanto procuro alguma propriedade para comprar. Os Piper estão vendo isso para mim.

Disse-lhe que não, que aquilo não funcionaria. Minha recusa foi automática e inflexível. Clark tentou me amolecer e se pôs a exagerar os sintomas nervosos que o afligiam. Incluiu até Shelby, com a descrição de uma briga que ela tivera no Central Park com outro cachorro, cujos donos o estavam processando. Agora, ela não tinha mais onde passear, e Montana resolveria aquele problema. "Impossível", foi minha resposta. Falei do bebê recém-nascido, da falta de espaço. Ele retrucou que não precisava de espaço. Eu não tinha uma garagem? Ele podia morar na garagem. Disse-lhe que ele devia estar brincando. Ele me respondeu que não, não estava, que já tinha morado num quarto de hóspedes minúsculo, um único cômodo dotado de nada mais que uma cama, e que nunca tinha sido mais feliz em toda a sua vida.

Habib Balian, o promotor de Justiça encarregado do caso, era um sujeito alto e desengonçado, de feições suaves, nariz comprido e mãos agitadas e ágeis. Sua conduta exibia um charme juvenil e ar distraído, o que levou o juiz Lomeli a compará-lo ao amarrotado detetive Columbo do antigo seriado de TV, dando origem a uma piada que perdurou por todo o julgamento. Para os observadores mais cultos presentes ao tribunal, a piada era boa, uma vez que Columbo era uma homenagem moderna ao Porfíri de *Crime e castigo*. Raskólhnikov assassina uma penhorista, e Porfíri o enreda num jogo de gato e rato, na medida em que brinca com a necessidade semiconsciente do acusado de confessar obliquamente seu crime, e de fazê-lo mediante estranhos atos de autossabotagem que se revelam em desacordo com sua pretensão arrogante de haver cometido o "crime perfeito". Para mim, em seu aspecto físico, Balian parecia-se também com um Lincoln jovem de origem armênia.

Em suas considerações iniciais, que se estenderam por toda uma manhã, interrompidas apenas pela pausa para o almoço, Balian teve alguns problemas no manejo do computador que lhe permitia, valendo-se de um arquivo de PowerPoint, exibir fotos, diagramas e outros indícios comprobatórios. Entre as primeiras pranchas que mostrou encontravam-se fotos do que restara do esqueleto de John Sohus, tanto na forma sob a qual o encontraram aqueles que escavavam a piscina (ou seja, ensacado, embrulhado e esparramado pela vala aberta) como em sua posterior remontagem pela autópsia. As imagens eram sombrias e confusas. Os restos mortais se assemelhavam a punhados de lixo, a fragmentos de entulhos. De início, eles me chocaram, mas eu logo me acostumei àquela visão. Não pude, porém, me acostumar ao esforço teatral com que Clark espremia os olhos ao vê-los. Interpretei aquela expressão como sua resposta a um desafio altamente especializado: como exibir aparente preocupação com um homem que se é acusado de ter matado e desmembrado sem dar a isso a aparência de preocupação *pessoal*.

Balian tornou a usar o computador depois do almoço. Ele havia atingido o clímax de sua exposição acerca do minucioso grau de elaboração da vida de falsificações que o réu levara nas décadas transcorridas entre o assassinato e a captura. Embora lhe fosse vedada qualquer menção direta ao sequestro de Snooks, o promotor foi autorizado a mostrar um trecho da bizarra aparição de Clark no programa de TV *Today Show*, pouco depois de sua prisão em Baltimore.

Olhando para a tela, que exibia a imagem de um Clark ruivo, de pesados óculos Ray-Ban Wayfarer de lentes claras, sentado diante da entrevistadora, Balian disse:

— Pois bem, em 2008, o réu apareceu em um programa de TV em rede nacional. Seguia tentando convencer todo mundo de que não era Christian Gerhartsreiter. Então lhe perguntaram: "O senhor matou John e Linda Sohus?". Os senhores verão o que ele respondeu. Primeiro, porém, perguntam-lhe quem ele é.

O vídeo mostra:

"O senhor tem um nome verdadeiro, um nome pelo qual deveríamos chamá-lo?"

"Clark Rockefeller."

"Sustenta, então, que Clark Rockefeller é seu verdadeiro nome?"

"Acredito que sim."

"Acredita?"

"Sim."

"Mas não tem certeza?"

"Bem, pelo que tenho ouvido ultimamente, talvez não seja, mas, tanto quanto sei, esse é meu nome."

A passagem arranca sorrisinhos irônicos dos jurados, incapazes de se conter. Opto pelo som alto de um riso suprimido, na esperança de que Clark me ouça. Ele sabia que eu estava sentado bem atrás dele, conhecia minha voz, e eu queria desestabilizá-lo. Também eu era um leitor relativamente complicado de situações humanas complicadas (quando queria sê-lo) e aprendera que, numa sala de tribunal, cada um dos presentes exerce um efeito sobre todos os demais. As reações se realimentam continuamente, reverberando em todas as direções. Para os jurados, eu era um jornalista munido de um bloco de anotações cujas reações eram, por um lado, irrelevantes do ponto de vista legal, e, por outro, importantes por essa mesma razão: em teoria, eu representava um ponto de vista — a opinião informada da mídia — ao qual eles estavam proibidos de prestar atenção, mas do qual com certeza captavam sinais aqui e ali. Os caríssimos advogados de Clark, importados de Boston, sabiam que eu era, além de repórter, um ex-amigo decepcionado de seu cliente. Era, portanto, um potencial formador de suas reputações públicas porque poderia optar por elogiá-los ou criticá-los na matéria e no livro que estava escrevendo. Para Balian, por sua vez, eu era o equivalente de um jurado fora do júri, alguém cujo comportamento poderia indicar o que os jurados de verdade estavam pensando de sua argumentação. E para Clark? Para Clark, eu devo ter sido só mais um demônio entre tantos outros. Meus sentimentos em relação a ele se modificavam de um dia para o outro, mas, naquele dia dos ossos, eu verdadeiramente o odiei, entregando-me a um lado obscuro da minha natureza para o qual talvez jamais encontrasse oportunidade mais justificada. Além disso, sentia-me seguro. Se ele havia caído numa armadilha, se estava acuado, eu, de minha parte, me via cercado de aliados, de colegas repórteres que compartilhavam minha disposição zombeteira.

Mas o vídeo da entrevista ainda não terminara. Balian apertou uma tecla, e a entrevista prosseguiu:

"O que o senhor se lembra de sua infância?", a entrevistadora perguntou.

"Lembro-me bem de uma visita ao monte Rushmore na traseira de uma daquelas peruas com revestimento de madeira na carroceria. E de ser, ahn, um fã de, ahn, peruas grandes. Eu, ahn, acredito que era um modelo Ford 1968. Com aqueles, ahn, faróis embutidos."

"Então o senhor tem uma lembrança clara desse carro..."

"Tenho..."

"... e de nada mais?"

"Lembro-me muito bem de, uma vez, ter ido apanhar morangos em Oregon."

Dessa vez, eu me contive. O riso suprimido não era necessário. Enquanto o Clark da TV escarafunchava sua pilha de recordações inexistentes, falsas ("Há coisas de que não me esqueci. A greve dos lixeiros em Nova York, por exemplo. Tenho uma lembrança muito clara disso"), era visível o esforço que o Clark do tribunal fazia para desaparecer. O que pode ser mais duro para um ator que assistir a si próprio representando um espetáculo envelhecido, de quarta categoria, diante de uma plateia de críticos que o observa de todos os ângulos possíveis e imagináveis? Mas aí é que estava: Clark não era um ator de primeira grandeza, nem na TV nem na vida real, porque eu me lembrava ainda de suas atuações anteriores e podia subtrair delas minha disposição, à época, de colaborar com ele. Certa vez, no Lotos Club, por exemplo, ele me contara que sua irmã estava internada num hospital para doentes mentais, o que, nas palavras dele, era prova da insensibilidade de sua família. O problema, no entanto, era que ele já havia me dito anteriormente que não tinha família nenhuma: não tinha irmãos, e os pais teriam morrido num acidente de carro a caminho de uma visita que lhe fariam em Yale. "Que família?", eu deveria ter perguntado, e me lembro de ter desejado fazer essa pergunta. No entanto não a fiz. Um velho garçom, ainda muito ágil, tinha acabado de trazer nossas bebidas e uma nova tigelinha de amendoins — para que arruinar o momento? (Anos mais tarde, como se tivesse arquivado suas declarações e notado a necessidade de esclarecê-las no futuro, Clark me disse que sua "família" era composta de uma tia e de um tio.)

Não era sua atuação que deslumbrava, eu percebia agora, e sim sua direção de cena, seu uso de acessórios e sua confiança no auxílio que a atmosfera reinante lhe prestaria. Na entrevista para o *Today*, contudo, longe de seus cenários e elencos de figurantes, dispondo apenas de um advogado velho e barbado para ajudá-lo — que, aparentando autossatisfação e enfado, foi posteriormente demitido —, o astuto Clark, pretendendo-se acometido de uma semiamnésia, era puro déjà-vu.

"O senhor matou John e Linda Sohus?"

"Durante toda a minha vida" — começou ele, a voz soando como um pudim de figo ou um queijo velho —, "sempre fui um pacifista. Sou um quacre e, ahn, acredito na não violência. Posso, ahn, afirmar com alguma certeza que nunca machuquei ninguém fisicamente."

Numa sábia decisão, Balian deixou por isso mesmo; não fez nenhum comentário, nenhum gesto telegráfico: nada senão o silêncio, uma tela se apagando e a lembrança de um sotaque falsificado e bolorento. Desejei que o julgamento terminasse ali mesmo, com aquele eco danoso e arrogante de um homem declarando sua inocência não de forma direta, com uma negativa pura e simples, e sim por meio de uma afirmação tortuosa, silogística, destinada a prová--lo incapaz de um ato de violência pelo fato de pertencer a uma seita que prega a doçura. Uma confissão completa não poderia ter sido mais prejudicial. Será que os jurados se davam conta do que tinham acabado de ver?

Suas expressões eram, deliberadamente, de difícil interpretação. Agora, estavam levando seu trabalho mais a sério. Buscando confirmar minha impressão de que Balian havia posto Clark numa posição difícil, cutuquei Girardot a meu lado, cujos dedos se espraiavam pelo teclado do computador. Com plena consciência do que eu desejava, ele assentiu com a cabeça. Tínhamos nos tornado amigos, e ele conhecia o caso em detalhes, estivera presente durante a exumação do cadáver. Mas não quis comprometer sua dignidade me concedendo a piscadela ostensiva pela qual eu tanto ansiava. Girardot também acreditava que o réu era culpado ("E bota culpado nisso", dissera-me certa vez, quando, à mesa do almoço, discutíamos teorias sobre o assassinato), mas, ao contrário do que começava a acontecer comigo, não estava torcendo para que o massacrassem. Tal como Linda Deutsch, a grande repórter da Associated Press especializada em questões legais cuja carreira remontava ao julgamento de Charles Manson, Girardot previa que Clark seria absolvido. Acreditei nos dois, porém seu aparente distanciamento ante aquela possibilidade era algo que eu não podia compartilhar. Afinal, eles não temiam que Clark um dia batesse à sua porta: *Long time, no speak*.

Brad Bailey, que viera de Boston com Jeffrey Denner, seu sócio de cabelos brancos e aparência nobre, deu início à defesa do réu. Bonito, alto, de gestos formidáveis e uma mecha de cabelos castanhos que lhe cobria os olhos toda vez que ele se animava, era um homem fisicamente imponente, que gostava de brandir os óculos no ar, erguer o queixo e arquear as sobrancelhas frondosas e escuras. Enquanto Balian apelava à mente, à razão, Bailey fazia mira num centro emocional mais abaixo, no ponto de encontro entre libido e vísceras. Ossos grandes moviam-se por baixo do terno quando ele se levantava e se erguia diante do júri. "O senhor me diga, meritíssimo", solicitou ele, "se, em algum momento, eu estiver invadindo a esfera dos jurados." Mas seu propósito real não era encontrar essas fronteiras: o que ele sinalizava era seu objetivo de atravessá-las.

Suas considerações iniciais foram leves em substância, mas prenhes de rimas e ritmos. Sua inspiração parecia provir da cantilena de Johnnie Cochrane no julgamento de O. J. Simpson: *If the glove doesn't fit, you must acquit* — se não encaixa como uma luva, absolvam. Ao que tudo indicava, ele havia decidido que os jurados de Los Angeles eram tão infantis quanto diziam os cínicos.

— Pois bem, ao longo de umas poucas semanas, os senhores vão aprender muita coisa sobre um caso que, como sabem, é bem velho [*quite old*]. Ele tem 28 anos e já esteve esquecido [*quite cold*] por 26 deles, como mostrarão as provas, mas ainda encerra uma história não contada [*a story still untold*]. Portanto, ao ouvir o desenrolar dos testemunhos e argumentações, quero que os senhores pensem nisto: *Quite old, once cold, story still untold.*

Era impossível não pensar naquele versinho, já que Bailey o repetia sem cessar, um misto de poeta *beat* e hipnotizador travestido de advogado. Entre uma e outra menção ao verso, repetido de poucos em poucos minutos, ele despejava escárnio sobre as acusações contra seu cliente. A investigação criminal, ele a desprezou como "um caso de ossos não identificados encontrados numa sacola", ou "um caso envolvendo alguns ossos, ossos humanos não identificados, encontrados em sacolas de plástico". Essa tentativa pura e simples de despersonalizar a vítima, de reduzi-la a um fóssil, parecia-me não só arriscada como repugnante, mas Bailey persistiu com sua tática.

— E os senhores ouvirão, no desenrolar dos testemunhos e da apresentação das provas, que houve certa dificuldade na identificação deles [dos ossos], porque o senhor Sohus era filho adotivo e porque boa parte dos ossos foi inadvertidamente cremada.

Depois de reduzir John Sohus a escombros — escombros desconcertantes, adotivos e incinerados —, Bailey mudou seu foco para o réu, a quem buscou humanizar. Com Clark sentado ereto, exibindo-se qual um mágico que busca garantir à plateia não ter nada escondido nas mangas, Bailey começou a elencar as identidades utilizadas por seu cliente como se fossem nomes artísticos tolos e inofensivos. Eles não constituíam prova de que Clark era um assassino em fuga; mostravam apenas que ele era um vigarista astuto, aplicando um golpe antiquíssimo na Califórnia.

— Como se nosso cliente fosse a primeira pessoa nesta cidade a tentar se reinventar...

O comentário, bastante hábil, rendeu-lhe seu primeiro ponto. Alguns jurados balançaram a cabeça para a frente e para trás.

Sua jogada seguinte, executada com grandiosidade — profusas sacudidelas admoestadoras do dedo indicador e melodramáticos mergulhos da voz —, foi incriminar a esposa desaparecida. Todos aqueles próximos ao julgamento já esperavam por aquilo, incluindo a irmã de John Sohus, Ellen, uma angulosa psicoterapeuta de Tucson, muito bem-vestida e sentada defronte de mim, mas numa área isolada da sala, o que lhe permitia prantear e meditar sem ser incomodada. Antes de desaparecer, Linda apresentara um comportamento estranho: contara a amigos que ela e John tinham sido recrutados por pessoas desconhecidas para cumprir algum tipo de missão governamental secreta que os conduziria à Costa Leste. A tal missão faria uso dos conhecimentos de John na área de informática e também das habilidades artísticas dela própria, segundo dissera. De que maneira a capacidade de pintar centauros e fadas com as cores do arco-íris podia ser de utilidade à segurança nacional, isso ela não explicou, e, ao que parece, tampouco lhe perguntaram. Se a própria Linda julgava crível aquela história, era impossível saber. Talvez tivesse sido forçada a seguir um roteiro.

— Pediremos aos senhores — Bailey prosseguiu —, depois de ouvidos os testemunhos a esse respeito, que passem a refletir se isso pode ter sido parte de um estratagema premeditado e pré--arranjado para que ela, Linda Sohus, pudesse encobrir seus passos, alguma maneira de confundir os amigos, de preparar para si uma escapatória ou criar uma cortina de fumaça para depois que assassinasse o marido, o que podia bem, por alguma razão, por qualquer motivo que fosse, estar em seus planos.

Minha teoria preliminar acerca do estranho comportamento de Linda, teoria que eu testara com Girardot, era que Clark havia matado John e, depois, usado seu desaparecimento — ou até mesmo seu cadáver — para instilar em Linda o medo de que ela também estivesse em perigo e a necessidade, portanto, de despistar os assassinos. Fosse outro o réu, essa teoria pareceria fantasiosa, mas eu sabia, por experiência própria, do dom de Clark para tecer sedutoras narrativas conspiratórias. Havia ainda a possibilidade de ele ter dito a Linda que também ele era alvo dos malfeitores. De todo modo, aquele papo de missões secretas era de sua autoria, eu não tinha a menor dúvida. Seu DNA narrativo era inconfundível.

Atingindo níveis operísticos de assonância e aliteração, Bailey continuou a atribuir a Linda todas as características típicas do homem que provavelmente a assassinara: as do fingimento, da inventividade e da astúcia. Acusou-a de praticar "os três Ds:

destacar-se, disfarçar e desaparecer", os quais, até então, eu nem sabia serem parte de um trio. Sustentou que, "à medida que a história não contada começar a se revelar neste caso velho e esquecido", o júri ficaria sabendo que a própria Linda havia, por vezes, usado um pseudônimo: Cody (o nome que ela assinava em suas pinturas de unicórnios). Incriminadora seria também a diferença física entre ela e Clark. Enquanto ele pesava menos de setenta quilos e tinha altura insuficiente, 1,72 metro, ela, com seus cem quilos e 1,80 metro, era dona de um físico robusto e amazônico, ideal, Bailey sugeriu, para tarefas pesadas como golpear alguém até a morte e, depois, abrir uma cova.

Clark pareceu arrogantemente satisfeito com as considerações de Bailey, e em especial com sua lisonjeira conclusão. Munido de uma lógica invertida, de dar nó no cérebro, Bailey argumentou que seu cliente "vigarista" era, na verdade, "inteligente" e "astuto" demais para embrulhar um crânio "não em um, mas em dois sacos" que o ligariam diretamente ao crime. Deixar tal "cartão de visita" era algo que estava abaixo de sua capacidade. A conclusão subjacente estava clara: o próprio fato de o crime ter sido esclarecido (e deixemos de lado as idiossincrasias aí envolvidas, desde o sequestro até a escavação da piscina, assim como o fato de o destino de Linda permanecer um mistério) demonstrava que Clark não o cometera. Ele era simplesmente brilhante demais, escorregadio demais, astuto demais. Era o tipo de pessoa capaz de *se safar* de um crime, e não de ser acusado de cometê-lo. Se Clark tivesse assassinado John Sohus, nós todos não estaríamos ali, e ele menos ainda. E, no entanto, lá estava ele. Só podia ter havido algum engano.

6.

Ao longo do julgamento, Balian se valeu de dois tipos de testemunho: o dos especialistas e o dos leigos. Os especialistas tratavam das questões específicas, de acordo com sua formação e área de especialidade. Discorriam sobre manchas de sangue no quarto de hóspedes, sobre a fisiologia do crânio fraturado, os logotipos das livrarias se desvanecendo nas duas sacolas de plástico e a cronologia dos movimentos do réu depois de ele ter partido da Califórnia na caminhonete e recomeçado sua vida de imposturas crescentes na Costa Leste. O que não podiam esclarecer, todavia, era a insondável disposição humana para a credulidade, para o pensamento que é antes desejo, para o autoengano, característica que quase permitiu a Clark escapar impune de um assassinato e de tantas outras coisas. Essa contribuição lhe foi dada por seus amigos, empregadores e por suas amantes. Reconheci partes de mim mesmo em todas essas pessoas, e, a cada vez que isso acontecia, eu me sentia mais furioso e triste, ainda que um pouco menos solitário. Nós, que jamais deveríamos nos encontrar, fomos os tolos, compondo o contrário de uma conspiração: separados e sem nos dar conta disso, trabalhamos juntos para fazer dele uma pessoa melhor.

Ao interrogar uma das primeiras testemunhas, Bailey perguntou:

— Que a senhora tenha visto, esse sujeito supostamente rico nunca, jamais, em todo o relacionamento da senhora com ele, pagou uma única conta, certo?

— Uma vez ele me comprou um donut, depois de termos ido ao cinema ver *Pacto de sangue* —, respondeu a testemunha, Dana Farrar.

Farrar atuava agora como professora na área da educação especial, depois de ter se formado em jornalismo na Universidade do Sul da Califórnia. Conhecera Clark em seu disfarce de baronete livre e despreocupado, que lhe dissera ter sido criado na África do Sul, e ela vez por outra topava com ele no campus, carregando roteiros da biblioteca da faculdade de cinema debaixo do braço. Imaginou que se tratasse de um estudante. Certa feita, permitiu que ele a conduzisse por um matagal rumo a uma festa organizada por George Lucas, na qual entraram como penetras.

Num princípio de noite da primavera de 1985, poucos meses depois do assassinato, Clark convidou Farrar e algumas outras pessoas para jogar Trivial Pursuit. Ela foi, embora achasse que, nas palavras do pai, ele "falava muita merda". Mesas haviam sido dispostas no quintal, entre o quarto de hóspedes e a casa principal, que Clark adentrou diversas vezes para apanhar copos, colheres e açúcar para o chá gelado que servia aos convidados. Disse que o senhorio não estava em casa e não se importaria. Em algum momento durante o jogo, Farrar olhou para a direita e viu algo que descreveu no tribunal como um "retângulo" ou "faixa" de "terra remexida", uma área "de cerca de setenta centímetros a um metro de largura por um 1,5 metro a dois de comprimento".

Quando perguntou a seu anfitrião o que era aquela terra, ele respondeu que era obra de encanadores.

Farrar nunca mais pensou naquela noite, até que, em 1994, seu marido viu uma foto de Clark, ou Chichester, num episódio de *Unsolved Mysteries* dedicado ao caso Sohus. Tinham acabado de descobrir os ossos enterrados de John, e Robert Culp, o apresentador do programa, pedia aos telespectadores qualquer informação acerca do inquilino desaparecido. Farrar ligou para a polícia. O que fizeram com sua chamada, ou outras que hão de ter recebido após a transmissão do programa, permanece, em si, um mistério não resolvido.

Bailey, ex-promotor, bombardeou a credibilidade da testemunha, um procedimento que utilizaria durante todo o julgamento, em especial com mulheres. Fez perguntas longas e estruturadas como resumos céticos dos depoimentos anteriores de Farrar às autoridades. Sugeriu que a disposição dela para aceitar as afirmações aparentemente ridículas dele acerca de sua origem nobre advinha de algum motivo ulterior e vil, talvez de um desejo de gozar de prestígio pela mera proximidade. Insinuou, ainda, que Farrar ligara para a polícia não para ajudar a Justiça, e sim por necessitar de atenção, para se sentir importante. E que seu envolvimento no caso se devia a ambições profissionais não satisfeitas como jornalista.

Sem dizê-lo com todas as letras, Bailey acusou-a de ser certo tipo de mulher: presunçosa, dissimulada e insatisfeita — a caricatura universal que pintam os misóginos.

Eu nunca dera grande crédito às teorias acadêmicas sobre a questão de gênero, mas a estratégia de interrogatório de Bailey — aplicada em Farrar e em outras testemunhas posteriores do sexo feminino — me convenceu de que a cultura da Justiça criminal possui um pendor fundamentalmente machista. Repetidas vezes, e de um modo que suspeitei ser típico nos tribunais modernos, ele descreveu a mente feminina como intrinsicamente não confiável, governada pela emoção, imune à lógica, dada à mesquinhez, influenciada pela luxúria e corrompida pela vaidade. A mente feminina raras vezes falava com clareza, quase nunca era sincera, compunha-se de camadas e camadas de motivações ocultas, revestia-se de uma fachada por trás da qual havia outra fachada. Seu objetivo não era nem agradar nem ocultar, o que com frequência significava a mesma coisa. A única maneira de extrair dela a verdade era cutucá-la e pressioná-la até que cedesse. Fazê-la sentir raiva, fazê-la chorar. Farrar ficou com raiva. Ou, antes, endureceu-se. Um portão se fechou sobre seu rosto. Mulher de cabelos curtos e postura confiante, ela endireitou os ombros, projetou o queixo vigoroso para a frente e, investida após investida, esquivava-se do ataque do interrogador, que a alfinetava e a tratava com paternalismo. Clark aprumou-se ainda mais na cadeira, para dar suporte a seu defensor. As palavras trocadas quase não importavam mais. A luta era química, primeva. Era também subliminarmente simbólica. Em suas considerações iniciais, Bailey havia pedido aos membros do júri que fechassem os olhos e imaginassem Linda Sohus — como Farrar, uma mulher corpulenta — golpeando o marido minúsculo. Uma demonstração ao vivo da ira feminina poderia ajudá-los a realizar o desejado exercício mental.

— Ao ver esta foto dele, a senhora se lembra de ter dito ao pessoal do *Los Angeles Times*: "É ele, conheço estes olhos brilhantes"?

— É possível que eu tenha dito isso — respondeu Farrar, reprimindo visivelmente sua indignação com o retrato que Bailey pintava dela, como uma pessoa intrometida e má.

— Não soa muito simpático, não é?

— Bem, ele não era a pessoa que eu pensei conhecer, era?

— Nada mais tenho a acrescentar — encerrou Bailey.

Ele falhara em sua tentativa de demonstrar aquele que parecia ser seu argumento, isto é, que alguma coisa em Clark provocava histeria em certo tipo de mulher, o que talvez explicasse a presença dele ali, como vítima de uma caça de bruxas ao bruxo. Quem sabe da próxima vez. A testemunha foi dispensada. Não foi de grande auxílio à defesa o depoimento, depois descartado como testemunho indireto, de um policial de San Marino, que descreveu o relato de um vizinho dos Sohus, segundo o qual Chichester havia enterrado alguma coisa no quintal.

Eu imagino que, se alguém é capaz de cortar um homem em três pedaços e de guardar seus restos em sacolas de plástico até encontrar uma maneira mais permanente de se livrar deles, essa pessoa também é capaz de beber chá gelado e de, em companhia de outros, jogar um jogo de tabuleiro ao lado da cova do morto. Mas, por que fazer isso? Dostoiévski talvez soubesse a resposta. Seria por uma necessidade de, ao se sentir culpado, confessar o crime sem fazê-lo de fato? Ou por um desejo arrogante de mostrar a outros a cena do crime e exultar com a cegueira destes? Talvez Clark estivesse testando os próprios nervos naquele dia. Se, sentado ao lado do cadáver, ao alcance daquele que poderia denunciá-lo, ele fosse capaz de responder a perguntas gerais sobre velhos seriados de TV, então nada mais poderia abalá-lo.

Contudo, o fato de ele ter jogado Trivial Pursuit naquele cenário não é tão desconcertante quanto pode parecer. Nem sequer era uma questão psicológica. Era uma referência literária, cinematográfica. Fontes diversas haviam me dito que meu velho amigo era fã apaixonado do gênero *film noir* (a menção de Farrar à sessão de cinema acabara de confirmá-lo) e grande admirador de Alfred Hitchcock em particular. Ele com certeza havia visto *Festim diabólico*, a adaptação em tecnicolor de 1948 do caso dos dois jovens ricos, Leopold e Loeb, que se autoproclamavam "super-homens" nietzschianos e pretenderam demonstrar a superioridade de seus intelectos mediante o sequestro e o assassinato de um garoto de

Chicago, em 1924. O jogo havia sido uma homenagem direta à prolongada cena central do filme.

Vi *Festim diabólico* naquela mesma noite em meu computador, sentado no deque em Malibu, enquanto ondas pesadas chacoalhavam os pilares do prédio. O filme era o segundo de uma seleção que, mais tarde, eu batizaria de Festival Clark Rockefeller de Cinema de 2013, um evento de quatro semanas ao final do qual eu aprendera mais sobre o modo de pensar do réu do que na sala do tribunal. O primeiro filme que vi foi *Pacto sinistro*, a versão hitchcockiana do romance de 1950 de Patricia Highsmith *Strangers on a train*. Seu tema era o anacrônico "crime perfeito", um tema comum em meados do século xx, antes que os homicídios culturalmente marcantes se tornassem os assassinatos em massa com armas de fogo em locais públicos. Robert Walker interpreta Bruno, a criatura sinistra, sufocada pela mãe, pegajosa e sexualmente ambígua (de um modo não muito diferente de Clark) que estrangula a odiada esposa de um conhecido. O enredo é de uma inventividade elegante, mas o que me impressionou foi Walker e sua interpretação viscosa daquela personagem melíflua, mais próxima de Clark em suas inclinações e comportamento do que qualquer pessoa que eu tenha conhecido na vida.

Festim diabólico era uma história diferente, uma trama que apresenta semelhanças dramáticas diretas com o assassinato de Sohus. Brandon e Phillip, os assassinos, são colegas de escola a caminho da universidade. Moram juntos num belo apartamento nova-iorquino em que cintilam cristais e peças antigas, abençoados com uma vista digna do Sky Club que contempla telhados e torres de escritórios. Os dois estrangulam um ex-colega de classe, David (um "ser inferior" e "vítima perfeita"), cujo corpo escondem num baú de madeira. Brandon põe dois candelabros sobre o baú, enquanto prepara o apartamento para o jantar de logo mais à noite, para o qual estão convidados a noiva da vítima e o diretor da ex-escola dos rapazes (interpretado por James Stewart) que os apresentou ao niilismo germânico.

"Sempre desejei possuir mais talento artístico", reflete Brandon, o dândi sociopata, antes da chegada dos convidados. "Bem, o assassinato também pode ser uma arte. O poder de matar pode ser tão satisfatório como o de criar." Phillip, menos corajoso, pergunta-se em voz alta se não deveriam cancelar o jantar. Brandon não quer nem pensar nisso. "Essa festa", diz, "é o inspirado toque final da nossa obra. É a assinatura do artista. Não fazê-la seria como pintar um quadro e não pendurá-lo na parede."

Misto de romance de Agatha Christie e peça de Noel Coward, *Festim diabólico* se passa numa única noite de bate-papo desconfortável e irônico ao lado de um cadáver. A tensão é um deleite para Brandon, mas Phillip a odeia, em especial depois de o ex--professor revelar aos convidados que ele, Phillip, certa vez se divertira torcendo o pescoço de galinhas vivas. Aquele detalhe me fez gelar. Alguns dias antes, almoçando com Girardot, eu soubera de um escândalo sexual ocorrido no início dos anos 1980 que teve por palco a igreja episcopal de St. James, aquela que servira como porta de entrada de Clark para a sociedade de Pasadena e de cujo padre ele ficara amigo. Girardot cobrira o escândalo, mas suprimira um de seus aspectos mais horripilantes: a decapitação de aves domésticas no interior da igreja. Nela, paroquianos intimamente ligados à igreja faziam sexo com trabalhadoras imigrantes, enquanto se lambuzavam do sangue fresco de galinhas. Não havia provas de que Clark houvesse desempenhado algum papel naquilo, porém Girardot tinha lá suas suspeitas.

Terminei de ver *Festim diabólico* e fui à internet pesquisar o caso de Leopold e Loeb. Através das portas deslizantes de vidro do meu apartamento, o mar prateado pela lua erguia-se em ondas que rebentavam na areia e escorriam de volta em folhas e linhas de espuma. Li que Loeb, instigador e cérebro do crime, tinha se matriculado na Universidade de Chicago com a mesma idade com que Clark me dissera ter entrado em Yale: catorze anos. Até então, fora educado por babás — outro arrepio. Para ajudar numa possível fuga, antes do crime Loeb e seu parceiro passaram meses se hospedando com nomes falsos em hotéis, a fim de estabelecer identidades alternativas.

O assassinato, um ato de consumada frieza (dele resultou a expressão "thrill kill", que designa o assassinato premeditado praticado pela mera emoção de matar), ocorreu em 21 de maio de 1924. A vítima de catorze anos foi escolhida ao acaso, enquanto caminhava da escola para casa. Os assassinos a atraíram para seu carro alugado e a atacaram por trás, cravando-lhe um formão na cabeça. Como o garoto não sucumbiu de imediato, socaram uma meia em sua garganta. Depois, atravessaram Chicago no carro ensanguentado até chegar a um pântano escolhido previamente. Jogaram ácido no corpo do rapaz e o empurraram para uma galeria de escoamento. Já em casa, relaxaram jogando baralho.

No tribunal, quando solicitada a informar a data aproximada da partida de Trivial Pursuit ao lado da cova, Farrar respondera:

— As aulas terminaram entre o começo e meados de maio, e eu fui viajar [para a Europa] em 13 de junho. Portanto, foi entre uma coisa e outra.

Talvez a homenagem de Clark ao jantar de *Festim diabólico* tenha sido também a celebração de um aniversário.

O golpe de sorte que conduzira à solução do crime cometido por Leopold e Loeb foi tão improvável quanto a descoberta casual dos restos mortais de John Sohus, embrulhados em plástico e descobertos na escavação de uma piscina. Enquanto escondia o corpo da vítima no pântano, Leopold deixara cair seus óculos. Apenas três exemplares do mesmo modelo tinham sido vendidos na região de Chicago. Leopold disse à polícia que perdera os óculos durante uma excursão para observar pássaros. Depois, sucumbiu e confessou o crime, assim como fez seu parceiro. Para salvar os filhos amados da forca, as famílias dos assassinos contrataram Clarence Darrow, a voz da razão da época, com seus famosos cabelos rebeldes que ele sempre afastava dos olhos, como se a comunicar a importância de ver as coisas com clareza. Suas considerações finais no tribunal, que se estenderam por doze horas, constituíram verdadeira obra de arte do ecletismo oratório e valeram-se de filosofia, poesia e psicologia para demonstrar que os seres humanos são peões do destino, cujas ações são determinadas por forças além de sua vontade.

"A natureza é tão poderosa quanto desapiedada. Ela opera por vias próprias e misteriosas", disse ele. "Nós somos suas vítimas. Não há muito que possamos fazer com ela. A natureza toma o trabalho em suas próprias mãos, e nós desempenhamos nossos papéis."

O promotor público, Robert Crowe, se pautou por uma teologia diferente, mais antiga e simples:

"Penso que quando os óculos de Leopold caíram de seu bolso naquela noite, os quais ele não usava fazia três meses e dos quais já não precisava, foi a mão de Deus que entrou em ação. Talvez ele não acreditasse em Deus. Mas, se no decorrer deste julgamento, ele ouviu bem, prestou atenção e refletiu enquanto as provas vinham à luz, há de ter começado a acreditar que Deus existe."

A eloquência de Darrow livrou os assassinos da forca e, assim opinam os especialistas, conduziu ao declínio gradual na aplicação da pena capital para assassinatos. Clark, se condenado, pegaria, na pior das hipóteses, prisão perpétua por um crime que, outrora, poderia ter lhe custado a vida; Darrow, em certo sentido, lhe havia feito um bem. Se, contudo, ele assim entendeu — talvez depois de ler sobre Leopold e Loeb —, duvido que abrigasse qualquer gratidão. Duvido que o liberalismo esclarecido de Darrow significasse mais para Clark que o Deus do Velho Testamento de

Crowe. Já o *Übermensch* de Nietzsche seria de seu agrado. "As pessoas são tão burras", eu me lembro de ele dizer com frequência, e, envergonhado, lembro-me também de ter concordado, ainda que agora me escapem os motivos pelos quais ele o dizia. Havia um fio de desprezo entretecido em nossa amizade, um desprezo compartilhado por tudo que não era... *nós*. Como é que alguém podia ir comer no Sky Club e não sentir aquilo?

O prédio, quase no mar, retumbava. A lua brilhava cheia e dominadora, irradiando finas e excitantes partículas brancas que sempre me impediam de dormir em noites como aquela. Estava deitado na cama, e meus pensamentos, de um tipo a que eu ainda não me acostumara — visuais, amontoados, fora de sequência, sem sintaxe —, formavam uma pasta escura. Filmes, mesmo os cínicos, violentos, sempre foram um terreno confortável para mim. Eles impunham e garantiam certos limites que os separavam da realidade. Da forma como eu via as coisas, as imagens não se formavam na tela, mas moviam-se um pouco para trás dela, ao fundo, e a tela era mesmo uma tela, protetora e sólida. Agora, ela perdera sua integridade. Eu não confiava nela. Não fazia tanto tempo assim, trabalhando para a *New Republic*, eu me vira junto do estacionamento de um cinema em Aurora, no estado de Colorado, numa área que havia sido isolada porque, no dia anterior, um jovem louco chamado James Holmes resolvera celebrar a noite de estreia de *Batman*, naquela primavera, vestindo-se como o Coringa e matando a tiros dezenas de pessoas no cinema. No estacionamento, eu ainda podia ver o sangue das vítimas. A visão era de embrulhar o estômago, mas eu estava preparado para ela. Afinal, um massacre havia ocorrido ali, e aquilo significava sangue. O que eu não estava preparado para ver eram todas aquelas embalagens de papel pisoteadas e as trilhas de pipoca — elas estavam por toda parte.

7.

Além de Elmer e Jean Kelln, o velho dentista da Califórnia e sua esposa — que haviam apanhado Clark naquela chuvosa beira de estrada alemã e se surpreenderam quando, logo depois, ele ligou para informar que estava em Connecticut e trabalhava como "instrutor de esqui" —, Edward Savio era a única testemunha que havia conhecido o réu em sua personalidade original, antes de ele começar a se reprogramar. Foram os pais de Savio que abrigaram Christian Gerhartsreiter como estudante estrangeiro em Berlim, no estado de Connecticut, uma cidade mais cinza, menos elegante, mais pé na terra que San Marino, a cereja do bolo. A casa deles serviu de laboratório e incubadora para as personalidades experimentais que viriam a seguir.

— O senhor notou a mudança de personalidade nele e a maneira como ele agia com diferentes pessoas em diferentes situações? — Balian perguntou a Savio, um romancista e roteirista boa-pinta, que atuava nas áreas da fantasia e da ficção científica.

— Sim. Ele começava a contar uma história e, se o interlocutor não respondia bem, se, o senhor sabe [Savio imita um gesto de irritação ou ceticismo], achava que aquilo podia ser lorota ou um pouco demais, ele percebia e parava. Nunca mais contava a mesma história, seguia adiante.

Como ele próprio era um autor, ou, como se autodefiniu na internet, um "neofabulador" (*Battle for forever* e *Idiots in the machine* são dois dos livros que ele escreveu), Savio estava bem equipado para descrever o processo criativo do réu, seus mecanismos e temas. Tudo começava com cuidadosas modificações linguísticas.

— Ele tentava imitar o que, imagino, pensava ser à época um sotaque americano. E praticava essas coisas comigo, quando estávamos só nós dois, coisas como "Me passa o pão", por exemplo.

Além disso, fazia ajustes em seu comportamento, que adaptava ao público presente. Na companhia de tipos atléticos, segundo Savio, o réu sentia-se "mais relaxado". Com pessoas que julgava socialmente inferiores, que "não achava dignas de ocupar seu tempo", era "bem sucinto", "nem chegava a alterar muito o jeito de falar".

Eu me reconheci no procedimento que Savio descrevia. As cuidadosas edições e revisões praticadas pelo ambicioso alemão de dezoito anos de idade, à medida que ele buscava se enobrecer e se americanizar ("Conversávamos meio que sobre viver o sonho americano", lembrou-se Savio), lembravam operações literárias que eu executava todo dia à minha mesa de trabalho. A diferença era que meu trabalho artístico era feito em isolamento, ao passo que Clark testava seus rascunhos e esboços ao vivo, diante de uma plateia que reagia a eles. Imaginei a satisfação que ele devia sentir quando uma de suas histórias ou maneiras inventadas dava certo, rendendo-lhe um sorriso ou sinal de aprovação, fazendo com que um rosto se suavizasse e se tornasse receptivo. Eu precisava esperar anos por recompensa equivalente, e, quando essa recompensa chegava — se é que chegava —, era sob a forma incorpórea de cartas, e-mails e resenhas. Havia muito que invejar naquele seu modo de proceder. Ele não vivia sua vida por escrito: escrevia vivendo.

Pensando bem, também eu começara assim: fazendo pose. Em 1975, quando eu tinha doze anos, minha família encheu um furgão com nossos pertences, passou um cadeado na porta traseira e deixou uma Minnesota previsível e rural rumo à florescente e anárquica Phoenix. Meu pai ansiava por abrir seu próprio escritório de advocacia, depois de anos na 3M, a companhia que fez o Post-it, a fita adesiva Durex e toda uma enfadonha gama de utensílios apropriados à Era do Escritório. Como sempre se achara um sujeito independente e de ideias próprias, possuidor de uma alma grande demais para a politicagem mesquinha praticada nas empresas, ele sonhava com a bazófia orgulhosa do Oeste. Comprou um Ford Bronco com tração nas quatro rodas, botas de caubói, colete de couro, deixou crescer o bigode, começou a levantar pesos e se reinventou como um *hombre* durão. Minha mãe não mudou; continuava sendo uma enfermeira. Andava pela casa em roupas conservadoras e vestia seu uniforme branco quando saía para o trabalho no pronto-socorro.

Também fiz algumas alterações em minha pessoa, mais por necessidade social que por escolha. Minha nova escola, gigantesca e estonteante, cheia de grupinhos exclusivos e impenetráveis, ficava próxima da Central Avenue, a principal avenida da cidade, centro de imundície e criminalidade. Alguns daqueles grupos eram gangues juvenis. Havia gangues de latinos, de negros, de brancos e duas gangues de índios — a dos Navajo e a dos Hopi. Depois de passar meu primeiro mês invisível no meio delas, comecei a turbinar meu passado. Contei a algumas garotas mexicanas, com hálito de cigarro e cílios precocemente retocados, que tinha cumprido pena de prisão num centro de detenção juvenil por ter roubado uma motosserra e posto abaixo alguns postes de energia. Contei também diversas histórias sobre um sabujo que supostamente tivera em Minnesota. O cachorro teria seguido a pista de uma garotinha surda que se perdera e salvara a vida dela.

Além disso, teria salvado também a minha vida, arrastando-me para longe dos destroços de um carro. Como prova desse terrível acidente, tinha a oferecer uma cicatriz grande no joelho direito e outra, menor, na mão direita. (A cicatriz no joelho era resultado de uma queda de bicicleta; a da mão, de uma trapalhada com a faca, enquanto cortava uma abóbora.) Dei ao sabujo o nome de Sherlock e disse às pessoas que ele morrera afogado durante uma pescaria no lago Superior, quando uma tempestade afundou nosso barco e o cachorro, em vez de nadar para a praia, chapinhara rumo ao próprio fim em busca do meu boné do Minnesota Twins, que ainda boiava na água. Minha sensação era que metade dos garotos acreditava naquilo, e os que não acreditavam ou não se importavam ouviam minhas lorotas porque isso significava que eu teria de ouvir as deles.

O escritório de advocacia de meu pai fechou em um ano, vítima de clientes malucos querendo patentear ímãs para economizar gasolina e pomadas para artrite feitas com veneno de aranha. No fim, estávamos de volta ao ponto de partida, Minnesota, mais enfiados na zona rural que antes. Lá, alguns alunos tinham poucas razões para estar na escola: eram crianças de fazenda, e trabalhar na terra era tudo o que fariam a vida inteira. Outros eram filhos de encanadores ou de operadores de escavadeiras, garotos que já haviam aprendido a profissão dos pais. Eu minimizei minhas ambições acadêmicas para poder me misturar a eles. Fingia entusiasmar-me com carros, esportes e até com as meninas mais populares, espertas caçadoras de rapazes cujo desejo secreto, eu temia, era engravidar, se casar aos dezenove anos e se enfiar num trailer na propriedade dos pais. Foi então que chegou o momento de ruptura: o exame do final do ensino médio e de acesso à universidade. Fui bem. A parte de língua e compreensão de texto parecia ter sido feita para um oportunista loquaz como eu. Minhas notas resultaram numa oferta de admissão precoce no Macalester College de

Saint Paul. Agarrei a oportunidade e, uma vez lá, parei de reprimir certos interesses próprios, como escrever poemas, e adquiri outros — punk rock, alucinógenos —, às vezes de colegas de classe que me impressionavam.

Minhas poses ficaram mais sérias quando me transferi para Princeton. Era a ex-universidade de meu pai, mas era também a "cidade na colina" para um garoto de Minnesota com tendências literárias e que já tinha lido F. Scott Fitzgerald. Quando o táxi do aeroporto me deixou no portão, e vi os tigres azinhavrados guardando os degraus gastos de pedra do Nassau Hall — um edifício que abrigou brevemente a capital do país, numa época em que a nação era governada por um grupo de homens pequeno o bastante para caber naquela escada —, compreendi que rebelião e a não conformidade pseudoartística eram meus únicos caminhos sociais viáveis. Minha aceitação pelas elites douradas de Princeton — os garotos que sabiam a diferença entre "The Vineyard" e "The Cape" e que, sem pensar, por herança genética, compreendiam que as melhores roupas são aquelas que se desintegram com o caráter, e não as que parecem sempre novinhas em folha — era algo que demandaria um esforço completo de subserviência para o qual eu não me sentia equipado. Meus ressentimentos ficariam à mostra, acabariam por me denunciar. Não, eu teria de penetrar ali de fora para dentro.

"Ser eu mesmo" em Princeton exigiu certo grau de adivinhação, mas, por fim, me decidi por uma persona. Comprei uma capa de chuva preta num brechó e a usava em toda parte. Raras vezes tirava as mãos dos bolsos, a não ser quando tinha oportunidade de surpreender alguém e acender-lhe o cigarro com a chama do meu Zippo prateado. Escrevi e ajudei a dirigir uma tríade de peças que imitavam Beckett e cujas personagens se posicionavam em ângulos estranhos, umas em relação às outras, enquanto pronunciavam suas falas rijas, enfáticas, que não deveriam ser confundidas com falas naturais, porque fala natural não existe, nem no teatro nem, muito menos, na vida real, que é a forma mais artificial de teatro existente, porque nega ser teatro. Essas eram máximas que eu tirava de livros escritos por franceses. O dever do artista, li em algum lugar — provavelmente enquanto fumava haxixe, que era quando livros sobre o dever do artista me atraíam mais —, é mostrar que tudo é artifício. É por isso que eu vestia minha capa de chuva em dias de céu claro. É por isso que comia barras de chocolate Hershey no café da manhã, mergulhando-as em chá. Ou que dizia a meus atores que olhassem para a placa de SAÍDA ao dizer "Eu te amo", antes de deixarem o palco em direções opostas. E foi por isso que não me surpreendi quando certos colegas de turma, procedentes de ricas famílias nova-iorquinas e de austeros colégios da Nova Inglaterra, começaram a me sinalizar sua aprovação e a sorrir para mim em festas, chegando mesmo a dar, às vezes, uma escapadela para vir conversar comigo, quando seus amigos de verdade estavam bêbados demais para notar. Eu era acessível aos solitários raivosos. Conforme esses contatos se tornaram mais frequentes, eu já nem sentia tanta raiva assim; era apenas a feia capa de chuva que causava essa impressão. O fato era que eu ansiava por me livrar daquela coisa — ela me entediava —, mas, àquela altura, aquilo era parte da minha imagem de autor teatral sério, uma imagem que me rendia sucesso com as garotas, sobretudo aquelas das quais eu mais gostava: garotas ricas, que tinham passado anos fazendo terapia e tratavam sexo como uma peça na qual atuavam nuas.

Mais adiante, eu concluiria minha pós-graduação em Princeton com as mais altas honras, em parte porque aprendi a falar a língua da subversão cultural prestigiosa — a língua do paradoxo, das voltas sem-fim, de tudo quanto recuava e se dissolvia; a língua da "pretensão de verdade", em vez da verdade em si, a língua dos paradigmas perdidos. Saí de lá sem saber quem ou o que eu era ou por que me importar, já que a individualidade humana — assim eu aprendera — nada mais é que um pronome ("eu"), um verbo ("ser"), um tempo verbal (o presente) e qualquer sentença que assim se inicie e que se deseje afirmar como pretensa verdade:

— Eu sou Walter Kirn.

Ao sair da universidade, até isso eu questionava. Levei anos para consertar meu mundo desconstruído. Uma coisa que me ajudou foi o fato de, então, eu estar escrevendo sobre meu passado e me valendo para isso da voz daquele meu eu pré--Princeton: o garoto de Minnesota que acreditava que a língua pertence às pessoas, e não o contrário. Escrevia sobre os fazendeiros com os quais cresci, sobre velhos amigos da igreja mórmon que eu frequentei, sobre uma menina linda que costumava me causar problemas, sobre meu hábito de sugar o polegar, e sobre minha família e meu cachorro. Era algo que eu queria manter pequeno, textos relativamente curtos. Não queria sair voando de novo. Publiquei um livro que um crítico classificou como "*faux naive*", o que imaginei significar "deliberadamente simples" ou "inocente de propósito". O crítico parecia desaprovar aquele meu modo de escrever, quase como se fosse uma desonestidade, mas eu discordava dele: o que poderia ser mais honesto do que tentar recuperar a própria sanidade?

Então, aos trinta anos de idade, com dois livros de ficção publicados e tendo me mudado para o Oeste num acesso de anseio populista, traí a mim mesmo outra vez. Numa noite de inverno em Montana, sozinho e bêbado, notei a foto de uma escritora atraente na contracapa de um livro de contos no meu banheiro. (Darei a ela o nome de Ellen Moore.) Gostei dos lábios cheios, dos olhos zombeteiros. Os contos, sobre sua família numerosa na Nova Inglaterra e sobre sua movimentada vida sexual em Nova York, a haviam tornado famosa. Mandei-lhe um recado, lembrando-a de que nos conhecêramos numa festa e dizendo que estava indo para Nova York e que queria sair com ela.

Funcionou. Minha ousadia a conquistara. Dez dias depois de chegar à cidade, aluguei uma quitinete a uns poucos quarteirões do apartamento dela, para que pudéssemos nos encontrar com mais facilidade. Parei de beber, de fumar e melhorei meu guarda--roupa. Ellen tinha feito colégio e faculdade com John e Caroline Kennedy, com os quais topávamos de vez em quando. De início, aqueles encontros me atordoavam; eu tinha me esquecido de como, socialmente, Nova York podia funcionar como um acelerador de partículas. John usava uma carteira presa à cinta por uma corrente e me surpreendeu com sua seriedade: esperava que ele fosse um boa-pinta melífluo, e não um garoto idealista. Caroline era durona e irônica, parecia um elo com alguma grandiosa era adulta perdida, talvez a de seus pais. Ela me intimidava. Cheguei mesmo a conhecer Jackie, com sua voz de desenho animado e a aura de ter conhecido todo o mundo que valia a pena conhecer, mas de ter se cansado de todos, à exceção de uns poucos. Estar entre aquele tipo de gente era estimulante, mas me acostumei àquele barato. Fiquei impressionado comigo mesmo por não citar seus nomes à primeira oportunidade. Então, Ellen terminou comigo e, de imediato, de semi-iniciado me transformei em mero fã, um espectador abobalhado. Lá estavam eles, John e Caroline na TV — a televisão na sala de estar da minha mãe, onde tomei um bocado de sopa quente depois do fim do namoro —, em show de gala da entrega de um prêmio com o nome da família, transmitido ao vivo de Washington. Estavam também na capa das revistas de supermercados de Montana, quando eu ia comprar calda para pôr nas panquecas.

Os motivos de Ellen para o rompimento eram simples: eu não tinha dinheiro suficiente nem os amigos certos. Ela queria "mais" da vida do que eu podia dar. Aquilo me arrasou. Eu temia que seu círculo de amigos me excluísse algum dia. Meu guarda-roupa abrigava uma coleção de paletós e calças compradas especialmente para nosso namoro numa pretensiosa loja de departamentos. Esvaziei os bolsos, doei tudo para uma instituição de caridade e retomei minha rebelião caipira, agora com determinação ainda maior. Havia estado na frente de batalha e voltara ferido; uma granada explodira na minha mão.

O estudante estrangeiro que vivia na casa dos Savio foi se tornando insuportável à medida que desenvolvia seu novo estilo, o recém-adquirido bom gosto de um bem-nascido. Em voz alta, comparava a família que o hospedara a "camponeses" e desdenhava da culinária simples da mãe — o que, é claro, não o impedia de usufruir do aparelho de TV. A telinha lhe dava ótimas dicas acerca de como esnobes fictícios deveriam se comportar. Clark era como um daqueles bichos de estimação não convencionais, um furão ou um daqueles porquinhos barrigudos, pequeno e fácil de tratar no começo, mas que vai engordando a cada refeição, até se transformar num invasor que toma conta de todo o porão. A família, por fim, o mandou embora da casa. Poucos anos depois, em 1983, ele tornou a entrar em contato com Edward Savio, para quem ligou da Califórnia. O próprio Savio havia se mudado para lá, atrás da carreira literária que discutira com Clark, quando os dois ainda estudavam juntos no colégio. Clark contou-lhe que também havia se tornado escritor. Não era verdade, embora ele talvez acreditasse naquilo, mais uma vez cometendo o erro que era sua marca registrada: confundir a arte do engodo com arte de fato, falsidade com criatividade. Foi a última vez que Savio teve notícia dele. Se, porém, eu conhecia Clark, ele continuou acompanhando a nascente carreira do colega de escola, a fim de utilizá-la como modelo para o desenvolvimento de um de seus eus fictícios. Indícios demonstrariam — e não apenas as provas apresentadas no tribunal, como outras também, exteriores, que, mais tarde, chegariam a mim — que Clark cultivava um jardim secreto e florescente, composto de porções clonadas de pessoas que ele conhecera em alguma medida. Para mim, o testemunho de Savio foi sucinto demais. Eu esperava obter mais falas e cenas mais longas do período Frankenstein do jovem Clark em Connecticut. Terminado seu testemunho — outro ex-conhecido do réu que tivera de reviver experiências de décadas antes, acontecimentos que talvez lhe tivessem custado esforço esquecer —, pensei em segui-lo até o corredor, mas eu estava sentado bem no meio de um banco lotado de gente. Completei eu mesmo as cenas que queria. Imaginei um jovem Clark em minha casa, reclamando da comida de minha mãe. Imaginei-o monopolizando nossa TV e ensaiando as vozes de falsos magnatas, com o intuito de fabricar uma voz que, poucas semanas mais tarde, apresentaria como a sua.

— Esta lasanha está um tanto aguada demais para meu paladar.

Teria, se tanto, quinze minutos para empacotar suas calças de sarja, seus sapatos esportivos e apanhar o passaporte. O mistério não era apenas se ele tinha ou não matado John Sohus: era também por que ninguém o havia assassinado. Que não tivessem acabado com ele era um feito dos tantos que lhe haviam dado abrigo. Se toleramos um selvagem dessa magnitude, então somos um povo mais civilizado do que eu imaginava.

8.

Assistir ao julgamento lembrou-me da igreja, dos domingos da minha infância passados com a família diante do altar sagrado de nossa capela mórmon, onde o sacramento era preparado e Deus se escondia. Eu queria que Ele saísse e Se mostrasse, uma luz, uma névoa, um brilho, qualquer coisa. Mas era só quando eu ficava com sono e fechava os olhos que a desejada materialização parecia possível. No julgamento, aquilo pelo qual eu ansiava enquanto me remexia no banco, do qual não podia me levantar a todo momento para uma refrescante canção ou oração com os demais, era uma visão do assassinato, do crime em si de que todo mundo lá na frente falava sem cessar. Supostamente, apenas Clark podia visualizá-lo, e talvez isso fosse tudo o que ele via, sentado ali, obrigado a transmitir a impressão de que estava pensando em outra coisa. John tinha sido atacado por trás ou pela frente? Ou o primeiro golpe fora desferido de cima para baixo, enquanto ele dormia? De cima, imaginei, conhecendo Clark como eu conhecia, alguém que não renunciaria a uma vantagem. Isso significaria, no entanto, que ele havia matado John na casa de Didi, no quarto de

John e Linda, e não no quarto de hóspedes nos fundos, onde os investigadores acreditavam que o crime havia sido cometido. Fechar os olhos não me ajudou na sala do tribunal. Cenas mundanas que sem dúvida aconteceram, mas sobre as quais faltam informações básicas, são mais difíceis de trazer à mente que emanações divinas, ainda que não se tenha certeza de que estas últimas sejam possíveis.

O testemunho dos peritos auxiliou na visualização do crime. Eles chegaram ao tribunal munidos de técnicas e sistemas e, com a ajuda da ciência, puseram-se a erguer a tampa do tabernáculo, vez por outra conseguindo progresso momentâneo e libertando um ou dois raios de radiância negativa. Era preciso olhar depressa, ou o brilho escuro se dissipava. Era difícil dar vida ao ato em si; a tumba, as relíquias e os restos mortais foram mostrados repetidamente. As fotografias eram impressionantes, embora confundissem um pouco, por causa dos círculos e flechas desenhados por toda a sua superfície. Mas faziam o crime parecer coisa antiga, ainda mais velho do que era, como um evento reconstruído por egiptólogos. Isso permitiu a Clark pôr em ação sua conduta acadêmico--professoral, sua pose de erudito míope. Achei-a absurda, tão afetada e exagerada como a do vacilante colecionador de arte do dia em que, pela primeira vez, eu fora a seu apartamento. Só que eu engolira a pose, não engolira? Ela só me parecia farsesca agora, em retrospectiva. E o júri só tinha a visão do agora. Era preocupante.

A especialidade da perita forense Lynn Herrold era examinar e interpretar vestígios: fibras, material vegetal, impressões deixadas por pneus, sangue. Ela era uma mulher grande, de voz anasalada e cabelos grisalhos compridos e volumosos. Herrold acomodou-se no banco das testemunhas como se fosse seu quartel-general, seu cockpit. Entre as provas que havia analisado estavam as sacolas de plástico que continham a cabeça da vítima, talvez a peça comprobatória mais danosa ao réu. A perita empregara uma sofisticada luz colorida para iluminar o logotipo já apagado, de três décadas antes, da embalagem proveniente da Universidade de Milwaulkee, em Wisconsin. O outro, da Universidade do Sul da Califórnia, ela pudera identificar apenas com luz natural. Como ex-aluna da universidade, tinha uma sacola igual guardada na garagem, a qual trouxe consigo para a sala do tribunal e exibiu aos presentes. Aquela versão específica da sacola (na qual se lia "Trojan Stores, U.S.C.") só havia sido produzida entre 1979 e 1984, afirmou. Herrold examinara também a camisa social que cobria o torso de John Sohus, apartado do restante do corpo. Tecidos humanos liquefeitos a encharcaram de tamanha quantidade de fluidos que ela não conseguira encontrar sangue ali. Mas o que despertou seu interesse foram os rasgos no tecido. Alguns, concluiu, tinham sido causados por perfurações feitas por raízes de árvores ou plantas, ao longo dos nove anos em que a camisa permaneceu debaixo da terra. (Raízes "gostam de corpos em decomposição", ela afirmou, onde buscam "materiais ricos em nitrogênio".) Em outros rasgos e esgarçados, seu olhar de perita identificou a ação de um afiado instrumento cortante. Havia seis daqueles rasgos: dois perto do cotovelo de uma das mangas e quatro na parte posterior do ombro esquerdo. Todos eles, disse Herrold, feitos com a mesma lâmina, alguns dos quais coerentes com ferimentos resultantes de uma tentativa de defesa por parte da vítima.

Lynn Herrold periciara o quarto de hóspedes também, de onde removera o carpete novo em busca de indícios de sangue no piso de concreto. Como não encontrou nenhuma mancha visível, decidiu aplicar Luminol no chão, um produto químico que, em contato com a hemoglobina, produz um leve brilho azulado — "é a mesma reação que encontramos nos vaga-lumes". Quatro áreas se iluminaram e foram fotografadas antes que o brilho se apagasse. O maior rastro de sangue tinha sessenta centímetros de comprimento e pouco menos que isso de largura; o segundo maior, os mesmos sessenta centímetros de comprimento por trinta de largura. O sangue revelou um padrão que Herrold caracterizou como "de esfregamento", resultado de uma possível tentativa de limpar a cena do crime com trapos ou toalhas. O que me deixou frustrado no depoimento de Herrold foi o fato de ele não ter sido capaz de provocar nem sequer um ligeiro tremor no réu. Na lembrança, Clark carregava a memória de um massacre e de todo um frenesi que se seguira a ele; aquilo havia de ter permanecido em sua consciência. Como ele conseguira viver com aquelas imagens? Como tinha conseguido conversar sobre amenidades no Lotos Club com cenas tão abomináveis na cabeça? Não que o clube estivesse repleto de potenciais gatilhos psíquicos capazes de desencadear lembranças tão horríveis, o que talvez explicasse por que ele o transformara num refúgio. (O Safari Club, pelo qual eu havia passado em Nova York, imaginando-o cheio de cabeças de animais pelas paredes, teria sido outra história.) Eu tinha uma hipótese para explicar aquela calma persistente. Minha teoria era que Clark havia recriado e enobrecido as memórias ruins, reencenando-as em contextos mais elevados, criados para despi-las de seus horrores. Ele havia, por exemplo, conhecido Sandy em um grupo que, fantasiado, jogava Detetive, o jogo de tabuleiro que tem por tema um crime. O Rothko ensanguentado deve ter cumprido a mesma função, dando-lhe a oportunidade para falar sobre a morte e sobre ferimentos provocados por faca como tópicos culturais, e não como parte de sua história pessoal. Shelby, em sua cadeira de rodas um tanto macabra, pode também ter sido parte desse mesmo processo de recriação. Tomar conta da pobre e maltratada Shelby talvez tenha sido uma forma de expiação. Eu já vira outros amantes de animais proceder de forma semelhante, isto é, sufocar seus bichos de estimação com um carinho bem diferente da crueldade que empregavam no trato com seres humanos.

Então me lembrei de outra coisa: dentro da cova, a polícia encontrara um fio de telefone amarrando as sacolas que abrigavam a cabeça da vítima. Quando Balian mostrou aquela foto pela primeira vez no tribunal, olhei para ela como se estivesse fora de contexto. Agora eu tinha uma teoria a esse respeito também. Clark tinha um objeto que era para ele um fetiche: um velho telefone preto que, certa vez, descreveu como exemplo consumado do desenho industrial do século xx. Bill Boss, pai de Sandy, um engenheiro aposentado ao lado de quem eu às vezes me sentava durante o julgamento, contou-me a história de um amigo seu que havia usado um telefone de Clark sem pedir permissão. Clark explodira, furioso com o homem. Foi quando me ocorreu que o telefone talvez fosse a arma do crime (que a polícia jamais encontrou). O fone em si era duro o bastante para esmagar uma cabeça — imaginei Clark segurando-o e golpeando o crânio com toda a força —, e o fio talvez tivesse sido usado para estrangular a vítima. Por isso, ele o enterrara junto com o corpo (com certeza, havia na casa coisas mais práticas com que amarrar as sacolas à cabeça). Permanecer de posse do telefone depois de cometido o crime, tê-lo por perto, combinava com o gosto de Clark pelo gênero *noir*. Talvez tenha dado a ele o tratamento dispensado à corda em *Festim diabólico*, que os assassinos esconder, mas que permanece à vista de todos durante o jantar.

Lembrei-me ainda de uma cena em outra obra do gênero, *Curva do destino*, filme cult que um amigo cinéfilo insistira que eu visse alguns meses antes. Nele, Anne Savage, uma terrível *femme fatale*, asfixia-se por acidente, enroscando-se num comprido fio telefônico depois de, bêbada, desmaiar. Anne Savage era uma falsa loira hollywoodiana de língua ferina. Clark tinha obsessão pelo tipo, contara-me uma mulher que o conhecera em San Marino, saíra com ele para ver um ou dois filmes e com a qual, certa vez, ele jogara (não ao ar livre) a versão de Trivial Pursuit dedicada ao cinema ("Silver Screen Edition"). Disse-me ela que Barbara Stanwyck "o deixava babando", que Clark "era ligado" em Gloria Graham e que adorava Grace Kelly — a estrela de, eu me lembrava, *Disque M para matar*.

O testemunho de Herrold foi seguido pelo de uma mulher chamada Linda Hausladen, responsável pelo licenciamento de produtos para a Universidade de Wisconsin. Seu testemunho foi sucinto, mas devastador. O desenho da segunda sacola de livros que embrulhava o crânio de Sohus estivera à venda, segundo ela, durante um período específico de três anos: de 1979 a 1982. Olhei para Clark, que escrevia em seu bloco quase como se estivesse anotando as datas. Interpretava o papel do investigador independente, que trabalha com afinco para desvendar um caso a partir de uma perspectiva única: a do acusado. Como talvez estivesse sofrendo de amnésia, era possível que, naquele seu roteiro nada convencional, as pistas acabassem por remeter diretamente a ele. Se assim era, a impressão que ele causava era de que cooperaria com a própria punição. Mas ainda não havíamos chegado a esse ponto. *Tenham paciência, senhores jurados. Estou trabalhando tão duro como os senhores para resolver isso aqui.*

Agora, eu pensava por ele, cansado que estava de ter de olhar para Clark e adivinhar seus pensamentos. Eles me vinham no sotaque alemão de uma personagem de Henry Gibson em *Laugh-in*, um velho programa de TV do início da década de 1970. Ao lado do coronel Klink de Werner Klemperer em *Guerra, sombra e água fresca* — outro programa dessa época —, a personagem de Gibson compunha minha ideia dos nazistas, quando eu era criança e nazistas e alemães eram a mesma coisa para mim. "Muito interessante", Gibson sibilava, usando um capacete grande demais, óculos sem aros e olhando para fora de um esconderijo cheio de folhas. "Muito interessante", dizia a fala num pesado sotaque alemão, "mas idiota".

Nazistas povoavam minha mente naquele dia, resultado de dois filmes a que eu assistira na noite anterior. O primeiro era um filme de cinco minutos que eu encontrara na internet, feito por estudantes em 1984. Chamava-se *Suspension* e era uma produçãozinha vil, ambientada num sombrio necrotério ou numa sala de operações. Uma mocinha adorável dorme numa mesa, vestida com algum tipo de avental hospitalar. Acima da sua cabeça, uma luz possante pende do teto, do tipo utilizado em interrogatórios hostis, e, ao lado dela, encontra-se postado um jovem médico de óculos brandindo uma enorme seringa. É ele. É Clark. É Joseph Mengele. É um anjo com cara de bebê da mais gélida morte ariana. Ele se volta para encher a seringa do conteúdo de um frasco de vidro e, ao fazê-lo, os olhos da moça se abrem de repente. Ela vê a luz forte e compreende seu destino. Luta para se levantar e descer da mesa, entorpecida e zonza, e foge por um corredor. *Herr Doktor* a ouve, olha. Corte para o corpo imóvel da moça, de volta à mesa. Corte para a luz que pende do teto, distorcida, ofuscante. Depois, negrume. Escuridão. Um único crédito, borrado: Chris Chichester.

O segundo filme era menos angustiante. *O estranho*, de Orson Welles, primeira tentativa do diretor de fazer um *film noir*, é de 1946 e acredita-se ter sido o primeiro filme de Hollywood a incorporar cenas reais filmadas em campos de concentração. Welles interpreta Franz Kindler, um criminoso de guerra nazista que, em fuga, se faz passar por um professor de ensino médio de Connecticut chamado Charles Rankin. Um dia, um antigo aliado, proveniente de seu país natal e perseguido por um caçador de nazistas (sr. Wilson, interpretado por Edward G. Robinson), aparece para se encontrar com Kindler, que mata o velho colega de Reich e o enterra num bosque, a fim de afastar Robinson do seu encalço. Quando o setter irlandês da namorada de Kindler fareja o corpo e começa a desenterrá-lo, Kindler mata o cachorro também. Não vemos esse crime, é claro; vemos apenas, depois, que ele está morto. (O cinema, mesmo o contemporâneo, de cenas violentas, evita toda e qualquer representação de atos dessa natureza; cavalos podem morrer em cenas de batalha, mas cães e gatos expiram longe dos olhos do espectador.) Para pegar Kindler, Wilson tem de convencer a namorada de Rankin de que ele — aparentemente um americano da alta sociedade — é, na verdade, um genocida alemão, suspeita que brota em um jantar no qual Rankin fala de improviso sobre seu país de origem como se tivesse estudado o lugar em profundidade, sem jamais ter passado muito tempo lá: "O alemão se vê como vítima inocente da inveja e do ódio do mundo todo, como alguém contra quem se conspirou, alguém contra o qual se voltam povos e nações inferiores. Ele não pode admitir que cometeu um erro, e menos ainda que fez algo de errado [...]. Segue seus deuses guerreiros, marcha ao som de Wagner, os olhos fixos na espada ardente de Siegfried. E, naqueles pontos de encontro subterrâneos em cuja existência ninguém acredita, seu mundo dos sonhos ganha vida, e, vestindo armadura radiante, ele assume seu posto sob a bandeira dos cavaleiros teutônicos".

Naquele dia, almocei com Frank Girardot no Philippe, um marco da culinária do centro de Los Angeles, com longas mesas que, juntas, formam uma só; o chão é coberto de serragem e geladeiras envidraçadas exibem gelatinas de fruta e arroz-doce. Para aqueles que peregrinam até Los Angeles em busca do espírito cínico e durão de Raymond Chandler, o Philippe é o lugar certo. Girardot combinava à perfeição com o cenário, ele próprio uma personagem de Chandler, um repórter cujo conhecimento dos arredores se compunha de sola de sapato, antiácidos, donuts velhos e café puro. Em sua maleta, ele levava uma gravata com o nó já pronto, a fim de poder vesti-la rapidamente para entrevistar algum figurão e, em seguida, voltar correndo para as ruas. Seu carro era um sedã preto da Ford com um motor gigantesco, fabricado sobretudo para uso da polícia. Girardot estava na profissão desde 1984; antes disso, vendera lâmpadas de porta em porta. Do tribunal, mandava duas matérias por dia, além de supervisionar o jornal de Pasadena a partir do computador que equilibrava nos joelhos.

— Concordo com você nessa sua teoria do telefone — ele disse. Depois, abriu seu sanduíche de peru na baguete, espirrou mostarda quente na carne e prosseguiu:

— E concordo também com essa coisa da consciência culpada. Você sabe da história do número do seguro social dele? O número que ele passou a usar depois do assassinato em Connecticut?

Fiz que não com a cabeça.

— O número era o do "Filho de Sam". E tem mais. A data de nascimento também é falsa: 29 de fevereiro. É o dia do aniversário de Richard Ramirez.

— E quem é Ramirez?

— O "Night Stalker", você se lembra: o perseguidor noturno.

Eu me lembrava, mas vagamente. Girardot refrescou-me a memória entre uma e outra mordida no sanduíche, e às vezes no meio da mordida também. Ramirez havia sido o satânico assassino que aterrorizara a mesma região onde Clark havia morado — o vale de San Fernando — com assassinatos em série cometidos à época que ele próprio se tornara um assassino. Sua especialidade era invadir casas onde, depois, promovia sádicas sessões de tortura, muitas vezes cometendo cruéis abusos sexuais seguidos da profanação ritualística dos restos mortais das vítimas. Em um dos casos, arrancou os globos oculares de uma mulher e os levou consigo numa caixinha de joias. Em outra ocasião, usou batom para desenhar uma estrela de cinco pontas na parede de uma casa. Segundo Girardot, um dos motivos pelos quais o desaparecimento de Sohus atraiu menos atenção do que poderia foi a fixação da polícia em encontrar Ramirez, cuja maratona de assassinatos, estupros e mutilações atingia seu auge à mesma época — e pode-se dizer que foi a mais depravada em toda a história dos Estados Unidos.

— Clark, então, sabia disso? — perguntei.

— Está brincando? Tinha um lobisomem à solta no vale! Um lobisomem que Clark homenageou ao tomar emprestada sua data de nascimento. Clark — o homem do blazer azul, do gim com tônica, o sujeito que gostava de cachorros da raça gordon setter, que estudara em Yale, que era vizinho de Tony Bennett, que era um quacre e membro da igreja episcopal.

Naquele almoço, inventamos um apelido para ele: Hannibal Mitty. Girardot riu. Eu ri também, mas não foi um riso convicto. Frank era durão, um sujeito que já tinha visto de tudo, mas que nunca tinha visto nada como aquilo, ele admitiu. Talvez ninguém tivesse visto nada igual. Talvez fosse algo novo.

Gatsby, o estripador, era nossa segunda opção.

9.

Ele se especializara em enganar mulheres, embora em alguns casos mais parecesse fazê-las reféns e submetê-las a lavagem cerebral, como nos tempos da Guerra Fria. Uma após a outra, sem uma ordem específica, elas testemunhavam tal e qual agentes de um destino vingativo numa tragédia clássica, e o incriminavam pouco a pouco. De vez em quando, durante o testemunho dessas mulheres, a terceira advogada de Clark, Danielle Menard, uma advogada de Los Angeles que permanecia calada e não fez nenhuma pergunta durante o julgamento, inclinava-se na direção do réu, sussurrava e sorria, comportando-se quase como uma namorada. Com suas bolsas Chanel e sapatos de salto alto, ela constituía um acréscimo glamoroso a um time de advogados que só podia ser extremamente custoso; ninguém entendia ao certo como Clark podia pagar por aquilo (Denner e Bailey se recusavam a falar sobre o assunto). Menard, uma loira atraente, já perto dos quarenta anos e dada a usar saias e generosos decotes que atraíam a atenção, parecia ter duas funções no julgamento: consolar e acalmar Clark em momentos de aflição e mostrar aos jurados que ele era inofensivo, alguém cuja proximidade não oferecia perigo a uma mulher.

Elaine Siskoff tinha sido a primeira namorada de Clark, e ela afirmou ter sido ele seu primeiro namorado. Conheceu-o como Christopher Gerhart, um colega da Universidade de Wisconsin, em Milwaukee, em 1980 e 1981, e achou que ele fosse inglês. Ávido por obter o *green card*, Clark lhe pediu que se casasse com ele, mas ela não aceitou; ele, então, se casou com a irmã dela. Em janeiro de 1982, Siskoff recebeu de Clark um cartão postado na Inglaterra. No cartão, ele se dizia ocupado: estava escrevendo e dava aulas de catecismo a crianças de dez anos. Depois disso, ela nunca mais teve notícias dele. Na verdade, o cartão era um truque; de acordo com os registros da imigração norte-americana, o réu jamais deixara o país depois de sua chegada, em 1979. Revelava também sinistra semelhança com os cartões enviados em nome de Linda Sohus, supostamente da França, depois de ela ter desaparecido.

Kathleen Roemer, uma vizinha, conheceu o réu em San Marino. Ele contou a ela que administrava o fundo da família Chichester. Uma noite, foram juntos a um concerto. Ela não gostou dele e não queria vê-lo de novo. Era um sujeito "tão cheio de si", Kathleen testemunhou, "seus olhos eram castanhos". Certa feita, ela viajou para o norte da Califórnia para tomar conta da casa de um parente e deixou instruções claras para que a família não dissesse ao réu onde ela estava. Alguns dias mais tarde, um pacote contendo uma caixa de bombons e uma nota amorosa chegou via FedEx. Ela nunca soube como ele obteve o endereço. A acusação se valeu de seu testemunho para demonstrar a astúcia e o caráter sorrateiro do acusado. Eu, de minha parte, a estudei do ponto de vista das preferências de Clark, em se tratando de mulheres. Quando a convidou para sair, Kathleen era trinta anos mais nova, mas o rosto quadrado provavelmente não havia mudado muito. Comparei-a à lembrança que tinha de Sandra, que possuía um rosto mais redondo, mas cujo comportamento era semelhante, direto. Concluí que Clark gostava de mulheres fortes, pelo menos na aparência. Contudo, minha tentativa de definir um estereótipo feminino foi prematura. Quando vi a mulher com a qual ele passara mais tempo depois de Sandra, apaguei meu quadro-negro mental e decidi que aquele exercício era ridículo, dada a singularidade do caráter flexível de Clark.

Mihoko Manabe testemunhou durante a segunda semana do julgamento. Era uma mulher esbelta, de ascendência japonesa, e parecia constrangida de estar ali. Conhecera o réu em Nova York e convivera com ele entre 1987 e 1994. Apaixonara-se por Clark, tentara a vida com ele e, inadvertidamente, o ajudara a despistar a polícia, depois de, por intermédio da caminhonete roubada, as investigações o terem vinculado ao casal desaparecido. Manabe foi aquela testemunha rara, que não tentou ser mordaz com os advogados de Clark nem tentou contextualizar sua ingenuidade. No longo desfile de tolos do julgamento, ela foi a suave Rainha da Dor.

Balian instigou-a a contar sua história. Ela conhecera o réu como Christopher Crowe, o suposto irmão de Cameron Crowe (na época, conhecido como roteirista de *Picardias estudantis*) e, segundo dizia, ex-produtor do programa de TV *Alfred Hitchcock apresenta*. Manabe trabalhava como tradutora na Nikko Securities de Nova York, um banco de investimentos no qual Christopher Crowe, por alguma razão inexplicada, chefiava o setor de títulos e obrigações. Antes disso, ele havia trabalhado para a Greenwich, em Connecticut, firma de investimentos pertencente à SN Phelps, de onde saiu para ir trabalhar para a Kidder Peabody. Banqueiros pareciam ter um fraco por vigaristas que usavam monogramas e tomavam chá com torradas. Alguém conhecia Clark em um iate clube, e ele logo acabava administrando alguma coisa para o recém-conhecido. No show business, que ostenta a própria impostura, o jovem e elegante fugitivo da Califórnia havia fracassado, mas, de algum modo, não tinha como se dar mal em Wall Street. Seu controle sobre Manabe parecia crescer na mesma proporção de suas mentiras. Quando o comando da Nikko o demitiu, depois de descobrir que Crowe não era seu nome verdadeiro, Manabe acreditou na explicação dada por ele: a de que era um nobre britânico se valendo de um disfarce. Seu verdadeiro nome, ele disse a ela, era Mountbatten, como o de lorde Mountbatten (1900-79), herói militar, tio do príncipe Philip da Grã-Bretanha e último vice-rei da Índia — nobre tão magnificamente credenciado quanto Crowe podia encontrar em uma de suas enciclopédias. Contou também a Manabe que tinha uma avó, Elizabeth, que morava em Windsor, na Inglaterra. E, de uma maneira que há de tê-la pasmado ainda mais, mencionou que era de Pasadena, filho de um anestesiologista e de uma atriz. Deixou, então, que ela própria preenchesse as lacunas o melhor que pudesse, decerto confiante de que, como a maioria de suas vítimas, Manabe desistiria sem demora e acreditaria na palavra dele. Ou de que diria acreditar nele, ainda que não o fizesse.

Certo dia, em 1988, um policial ligou para a casa de Crowe e Manabe e pediu para falar com ele. Crowe convenceu-a de que o agente da lei era, na realidade, um vilão que tramava contra ele e pretendia implicá-lo em alguma intriga obscura. Para sua própria segurança, argumentou, teriam de se esconder, e ele precisaria assumir uma nova identidade. Dali em diante, passaria a ser Clark Rockefeller, figura que ela ajudaria a tornar plausível ao dotá-lo de um cartão de crédito com o novo nome, vinculado, é claro, à conta dela. Quando ele parou de trabalhar, ela o sustentou; quando parou de dirigir, ela o levava para todo canto. Manabe cortou relações com a família e com os amigos, ajudou-o a tingir de loiro os cabelos e as sobrancelhas e aceitou seu pedido de casamento. Também ela assumira nova identidade. Era agora a mulher que não estava lá.

— E de quem foi a ideia de caminhar em calçadas opostas?
— Balian perguntou.
— Foi ideia dele — Manabe respondeu.
— E a ideia de nunca entrarem juntos no prédio, para que ninguém soubesse que ele e a senhora formavam um casal?
— Foi ideia dele — ela disse baixinho.
— Como?
— A ideia foi dele.
— E a de não mais receber correspondência no apartamento da senhora, e sim passar a recebê-la por intermédio de caixas postais?
— Foi dele.

A pena que senti daquela testemunha se desvanecendo era, em grande parte, pena de mim mesmo, transferida. Em se tratando de Clark, eu bem sabia, a ideia era *sempre* dele. Em sua companhia, as pessoas paravam de ter ideias próprias. O que transformava essa dinâmica em recordação dolorosa era o fato de, com frequência, as ideias dele serem péssimas. Uma vez, durante uma conversa telefônica de anos antes, mencionei que começara fazia pouco tempo a escrever para *The Atlantic*. Ele ficou em silêncio, o que me deixou perplexo. Eu esperara algum tipo de reconhecimento ante a menção da revista mais antiga do país, uma instituição da Nova Inglaterra. Contei-lhe a história da publicação e disse que, recentemente, ela trocara de dono.

— Eu devia ter comprado a revista — disse Clark.
— Que pena. Talvez o novo dono esteja à procura de um sócio.

Ele me pediu que repassasse aquela ideia para meu editor, que poderia, então, comunicá-la a seus superiores. Foi o que fiz. O dono não estava interessado.

A decisão de Manabe de servir de escudo ao noivo (que jamais levou adiante a proposta de casamento) revirou e limitou sua vida por anos. Ela concordou em destroçar o lixo doméstico e descartá-lo em locais tão distantes como a Pensilvânia. Calou-se acerca do nome falso que ele usava ("um nome judeu qualquer, Abraham ou coisa do tipo") quando pagavam o aluguel ao senhorio. Concordou, também, em fugir com ele para a Europa e não fez nenhum questionamento quando ele cancelou o plano. Aceitou a explicação de que o passaporte com a foto de Clark — um passaporte alemão, e não britânico — era uma engenhosa falsificação. E colaborou quando ele pediu a ela que evitasse o closet do apartamento de ambos, onde ele guardava papéis diversos e documentos pessoais, chamando-o de seu "escritório".

— E, quando a senhora tentava entrar lá, que tipo de reação ele tinha, se tinha alguma? — Balian perguntou.

— Ficava furioso — respondeu Manabe.

Foi um dos pouquíssimos momentos no julgamento em que se deu testemunho do temperamento difícil de Clark. Aquilo me surpreendeu porque eu não me lembrava de jamais tê-lo visto de mau humor. Foi somente depois de ter se divorciado de Sandy que eu descobri que ele tinha humores, porque Clark passou boa parte do inverno se queixando ao telefone de um acordo financeiro injusto e da saudade terrível que sentia da filha perdida. Mas mesmo então invejei sua compostura. No meu caso, depois do meu divórcio, perdi o juízo: soluçava diante de estranhos, jogava longe as coisas e, certa vez, dei tamanho murro no volante do meu carro que quebrei um ossinho da mão direita. Em parte, Clark e eu nos afastamos durante aqueles anos porque senti que meu sofrimento lhe era estranho, demasiado cru. Evitava seus telefonemas, ignorava os e-mails, não o avisava quando ia à Costa Leste e, ao voltar, tampouco lhe dizia que havia estado lá. Alguns anos antes, eu passara um fim de semana em sua velha e estranha mansão, em New Hampshire — uma visita inquietante, que eu apagara da memória —, mas, quando ele me convidava para voltar lá, eu desconversava, mesmo quando ele implorava para que eu fosse. Eu estava desmoronando, em frangalhos; ele não entenderia. Seu dinheiro e sua posição o mantinham sereno. Ele vivia num castelo nas nuvens; eu morava bem mais abaixo. Tinha perdido minha família, minha casa e estava falido. Iria chorar as pitangas para um Rockefeller? Não tinha sentido.

Manabe escapou dele em 1994, quando conheceu outra pessoa, seu futuro marido. Compreendera então que sua própria vida não lhe pertencia e que, se ficasse com Clark, jamais a teria de volta. Um belo dia, foi-se embora, abandonando o apartamento que originalmente havia sido o seu. Ele ligava de vez em quando — em um desses telefonemas, disse que estava em Boston — e, vez por outra, escrevia e-mails para ela a partir de um endereço que terminava com "harvard.edu". Mas não estava em Boston; jamais deixara Nova York (continuava no apartamento) e seu único vínculo com Harvard era a mulher com que se envolvera, Sandy Boss, que lá concluíra sua pós-graduação em administração de empresas e com a qual Clark se casaria naquele mesmo ano — ou talvez já tivesse se casado. Manabe, porém, estava livre; tinha escapado da galeria dos espelhos.

Durante o testemunho, ela não olhou uma única vez para Clark, nem ele para ela. Quando, dispensada, Manabe cruzou a sala do tribunal, seu olhar fitava a saída. Clark baixou os olhos. Se era vergonha o que sentia (ou fingia sentir, o que era uma estratégia prudente, uma vez que o rosto dos jurados demonstrava total repugnância por ele depois do testemunho de Manabe), Clark jamais voltou a demonstrar nenhum sinal disso.

— A senhora o amava? — Balian perguntou.

— Sim, amava.

— E acreditou que ele a amasse?

— Acreditei — disse Manabe.

Na mesma semana em que Manabe testemunhou, depôs também um homem chamado Patrick Rayermann. Balian o convocou não para falar sobre Clark, mas com o propósito de humanizar a vítima. Rayermann crescera ao lado de John Sohus, considerava-o um amigo íntimo e o retratou como uma pessoa "calorosa", "generosa" e "entusiasmada com o futuro da humanidade". Fiquei grato pela mudança de assunto e pelo tom otimista da testemunha. Loiro, olhos azuis, coronel aposentado do Exército, onde serviu no Comando de Defesa contra Mísseis, Rayermann falou à corte sobre seus tempos no ramo sênior dos escoteiros, na mesma unidade a que Sohus pertencia, vinculada ao Laboratório de Propulsão a Jato de Pasadena, a porção do Instituto de Tecnologia da Califórnia (Caltech) que se dedica a pôr naves espaciais em órbita para o governo dos Estados Unidos.

Rayermann articulava as palavras com precisão militar, ganhando de Clark o que parecia ao mundo todo ser um olhar de respeito e admiração.

— Logo cedo, descobrimos nosso interesse comum no futuro da ciência, da exploração espacial e da ficção científica, sobretudo no seriado *Jornada nas estrelas*. Gostávamos em especial de compartilhar nosso interesse e desafiar um ao outro com nosso conhecimento do seriado. Fomos os primeiros *trekkies*.

E prosseguiu falando com carinho do círculo de amigos que ele e John cultivavam:

— Em muitos aspectos, éramos como as personagens que hoje as pessoas veem em *The Big Bang Theory*. Sabe como é, nós nos divertíamos muito juntos. Mas outras pessoas podiam se surpreender um pouco com o modo como descrevíamos ou comparávamos teorias sobre o big bang que deu origem ao universo, sobre como conseguir viajar no espaço a uma velocidade maior que a da luz ou com nossas conversas sobre algum projeto em andamento no Laboratório, com o objetivo de pôr em órbita um novo satélite ou lançar uma nova sonda espacial. Enfim, sobre como transformar essas coisas em realidade.

Aqueles detalhes reavivaram uma lembrança esquecida em minha memória e me levaram de volta a um fim de semana, muitos anos antes, que eu não estava ansioso por revisitar. A lembrança surgida do testemunho de Rayermann produziu em mim uma série de reflexões, teorias e perguntas, uma das quais eu trazia comigo havia muito tempo, mas sem nenhuma expectativa de vê-la respondida, já que eu não conhecia ninguém com qualificação suficiente para responder a ela. Agora, isso mudara. Quando Rayermann terminou de testemunhar, eu o segui em direção ao corredor e fiz a pergunta. Não expliquei sua origem, a fim de não influir na resposta; formulei-a como uma questão de geopolítica, uma pesquisa relacionada à história da espionagem.

— Até onde o senhor sabe, a China comunista alguma vez se envolveu no sequestro ou no assassinato de pesquisadores espaciais norte-americanos?

Rayermann, valendo-se ainda do tom solene de uma testemunha, levou a pergunta a sério. Respondeu-me que não, de modo algum, e me assegurou de que sua experiência no Exército lhe permitia saber das coisas. Depois, perguntou-me por que eu queria saber aquilo. Disse-lhe que era um assunto complicado e que eu tinha uma série de tópicos que gostaria de discutir com ele, a começar por John e seu programa preferido de TV. Chichester alguma vez havia assistido ao programa com eles? Não. Ele nunca tinha visto o sujeito na vida.

Perguntei a Rayermann se ele podia ir jantar comigo.

10.

Estávamos em meados de 2002, cerca de um mês antes do meu quadragésimo aniversário e do terrível acidente-milagre com meu filho Charlie e a caminhonete azul. Como eu, tanto quanto o restante do país, só pensava em como me proteger do próximo atentado, não me lembro de como estava o tempo naquele verão. Tampouco me lembro das manchetes dos jornais; só me lembro de que elas poderiam ter sido bem piores. Clark estava morando em New Hampshire. Mudara-se de Nova York para lá no começo de 2000, depois do primeiro recuo para Nantucket que se seguiu ao suposto colapso nervoso que o levara a me pedir para passar um tempo em minha fazenda. Ele havia comprado a propriedade do finado juiz Learned Hand, famoso jurista liberal de meados do século passado sobre quem eu não sabia nada, a não ser que, provavelmente, deveria saber mais a seu respeito. Clark parecia orgulhoso do lugar e, cada vez que nos falávamos, insistia para que eu fosse conhecê-lo.

Uma das razões pelas quais por fim aceitei o convite foi que ele vinha me assediando havia muito tempo para que eu editasse uma série de romances que ele escrevera, mediante remuneração, presumivelmente maior do que aquela que eu recebi para levar Shelby a Nova York. E, de todo modo, eu tinha de ir a Boston para um encontro com meus editores da *Atlantic*. Nos meses que haviam se passado desde o ataque ao World Trade Center, eu pouco voara, mas era chegada a hora de reagir e voltar à normalidade. Ainda assim, farejando certa hesitação de minha parte, Clark disse que havia mexido os pauzinhos para me assegurar acomodação em seu clube de Boston, o Athenaeum.

Os empregados me trataram como um Rockefeller de verdade, e não como um convidado que estava ali de favor. Apesar disso, odiei o lugar. Seus cômodos tinham um aspecto sinistro, de um local que havia sido esvaziado, como se os membros mortos do clube tivessem sugado todo o ar e toda a energia disponíveis, levando-os consigo para a tumba. Clark adorava aquela aridez envernizada e iluminada por abajures, mas, sem ele, sem sua gabolice e tagarelice, me senti fora do lugar. Princeton havia exercido o mesmo efeito sobre mim. Suas densas tradições me oprimiam. Fiquei deitado em meu quarto sem ter o que fazer, agitado demais para poder dormir, e me pus a refletir sobre a herança ianque com a qual Clark tanto se identificava. Em Nova York, com seu glamour e sua agitação, essa herança me estimulava, porém a versão contraída e moralista da Nova Inglaterra me inquietava. Eu a associava com histórias de fantasmas — coisas como *The Haunting of Hill House*, de Shirley Jackson — e com os contos de histeria reprimida de Hawthorne. A mescla de religião e esclarecimento, de virtude e razão, vigente na Nova Inglaterra me deixava pior que indiferente: ela me parecia sem vida, desumana, uma fórmula perfeita para ensejar obsessões e cruzadas. Learned Hand, mas que nome! Havia algum retrato dele por ali? Devia ser uma espécie de bruxo velho, ossudo e ágil.

No almoço com Robert e Michael, meus editores, o assunto

foi o Iraque, a guerra iminente. Michael, que a apoiava, mais tarde se juntaria aos soldados americanos em Bagdá e seria o primeiro jornalista dos Estados Unidos a morrer ali, quando o blindado em que estava foi alvejado e tombado em um canal. A notícia ensombreceria minha lembrança daquele almoço e realçaria seu elemento cômico: uma longa conversa sobre Clark. Ao longo dos anos, Robert ouvira minhas melhores histórias, contudo ainda não tinha ouvido a mais recente: na barbearia da cidadezinha de Cornish, Clark se sentara ao lado de seu vizinho, J. D. Salinger, e batera um papo com ele sobre filmes antigos. Naquele fim de semana, era até possível que eu conhecesse pessoalmente o ermitão, contei-lhe. Clark se informara sobre os movimentos de Salinger com a esposa dele, Colleen, a quem dizia ter conhecido em "círculos de costura" da cidadezinha, reuniões durante as quais as mulheres confeccionavam colchas. E tinha também a história do leilão secreto, só para iniciados, em que Clark havia comprado a cadeira de capitão de Jean-Luc Picard, da cabine de comando da nave *Enterprise*. Ela estava guardada num depósito de Rhode Island, junto com uma coleção de peruas Buick — as *roadmasters*, mais recentes, e não as antigas —, que exerciam sobre ele uma atração que era incompreensível para mim. (Clark me dissera ser possuidor de dezessete daquelas peruas feias, mas pediu que eu não contasse nada a Sandy.)

 Eu tinha ainda outra história, a melhor de todas, e era tão absurda que contá-la demandava grande disciplina facial. Desde que interrompera a atividade como banqueiro central freelance, Clark teria mergulhado num esforço de pesquisa com o propósito de desenvolver sistemas futuristas de propulsão de naves espaciais, "além da velocidade da luz". De acordo com ele, o programa tinha o apoio do Departamento de Defesa e da Boeing, que investira dinheiro numa companhia secreta que realizava avançados experimentos num laboratório situado em alguma parte "para lá da fronteira". Imaginei que ele se referia ao México, o que não tinha sentido, porque eu jamais ouvira falar em atividades vinculadas à defesa desenvolvidas no México. Naquele momento, porém, pouco importava se a história era plausível ou não: as risadas de Robert e Mike me bastaram. Éramos todos jornalistas, profissionais em busca da verdade. Mas uma coisa que sabíamos sobre a verdade, e que leigos tendem a desconsiderar, era que ela não precisa ser literal ou factual. A própria imprevisibilidade da personalidade humana era, em si, um fato.

Parti para New Hampshire depois do almoço. Contudo, o movimento na estrada e indicações insuficientes de como chegar à propriedade de Clark me retardaram e só cheguei a Cornish à noitinha, com horas de atraso. Paredes de pedra, cercas brancas, corvos nos telhados dos celeiros — uma melancolia rica, colonial. A cidade onde eu cresci, Marine on St. Croix, em Minnesota, foi colonizada por mercadores da Nova Inglaterra cujas casas e edifícios comerciais imitavam as construções em madeira pelas quais eu passava agora, mas a atmosfera ali nada tinha a ver com a do Meio-Oeste. A poeira dos sótãos e porões flutuava no ar. Eu sentia a presença de enrugados oleiros solteirões trabalhando em barracões nos fundos da casa materna.

Estacionado diante da propriedade de Clark, com a frente voltada para a rua principal, havia um carro de polícia. Parecia abandonado. A casa era um monstrengo velho e pesado. Circundavam-na pilhas desordenadas de materiais de construção, e ela exibia cicatrizes do que aparentava ter sido uma tentativa grosseira de reformá-la. Janelas inteiras haviam desaparecido, e a falta de algumas placas de revestimento expunha sujas subcamadas da construção. Duas colunas sustentavam o telhado do pórtico, mas o que parecia segurar de fato o conjunto eram os excrementos dos roedores e as teias de aranha. Atrás da casa, erguiam-se pinheiros velhos e enormes, cujas sombras se projetavam rabugentas e artríticas pelo relvado. O gramado, extenso e verde, estava em boa forma. Era um contraste, como um corte de cabelos novo num vagabundo bêbado.

Clark veio correndo me receber, enquanto eu estacionava meu carro alugado — talvez já estivesse à janela, aguardando minha chegada. Eu não o via em pessoa fazia quase dois anos, e ele parecia ter perdido algo de seu lustro naquele meio-tempo: a calça cáqui não estava impecável, mas ostentava um amarrotado típico do campo, e linhas e sulcos isolados desenhavam-se em seu rosto. De Sandy, nem sinal — ele havia dito que ela estava trabalhando em Boston, creio, e só vinha nos fins de semana. Apertamos a mão um do outro e nos abraçamos. Senti seu alívio por já não estar sozinho, e toda aquela sociabilidade meticulosa e reprimida me fez sentir não apenas bem-vindo, como necessário, essencial. Senti como se estivesse reiniciando o tempo para ele.

Ele não me mostrou a casa. Em vez disso, conduziu-me rapidamente através do relvado e pela encosta de uma colina, por onde descemos em direção à sombra da beira de um lago. Seu nome era gracioso, como costuma acontecer nessas propriedades rurais do leste, mas eu me esqueci do nome do lago tão logo Clark o pronunciou. Seu humor havia mudado do orgulho alegre para um ressentimento magoado.

— Os vizinhos invadem aqui pelo bosque para nadar — reclamou. — Toda hora eu tenho de pôr essas pessoas para correr. Pensam que têm direito ao nosso lago. É muito irritante.

— Tenho o mesmo problema na fazenda com os caçadores.

— É invasão de propriedade — disse ele. — É contra a lei. Certas *gentes* se recusam a entender isso.

Seu costume de dizer *gentes* em vez de *pessoas* me surpreendeu, como sempre acontecia. Ninguém que eu conhecia falava daquele jeito. Eu não entendia. Será que ele achava que aquilo soava mais cavalheiresco, mais formal? Para mim, soava mal, era uma linguagem empolada. Tipos bem-nascidos, eu já havia notado isso antes, às vezes se empenhavam em parecer ainda mais bem-nascidos do que eram, como se fossem cidadãos de uma espécie de mundo de fadas aristocrático. Na minha experiência, porém, eram em geral as mulheres que se comportavam assim.

Caminhei a seu lado pela propriedade e me inteirei de todo o acúmulo de coisas que ele teria gostado de me dizer, a mim ou a alguém como eu, durante o tempo em que não nos víramos. (Às vezes, eu nem tinha certeza de que ele de fato me conhecia, porque os sinais habituais de reconhecimento não se manifestavam. Ele se lembrava dos nomes da minha mulher e de meus filhos, e também de que eu era escritor, mas de pouca coisa além disso.) Minha impressão era de que Clark categorizava suas amizades — se é que ele as tinha, porque nunca mencionava outros amigos — de maneira estrita e individualizada: os assuntos pertinentes a cada uma eram exclusivos dela. Ou seja, ele era uma pessoa diferente com cada um de nós, fôssemos quem fôssemos, e o que me dizia não era o que dizia aos outros, se outros havia. De vez em quando, eu me perguntava se meu problema era gostar de muitos tipos diferentes de pessoa, inclusive tipos dos quais nem gostava tanto, mas com os quais julgava que tinha algo a aprender, gente que podia me enriquecer de alguma forma.

Estava lá havia uma hora, e ele ainda não tinha me convidado para entrar na casa. Chegamos a uma árvore imponente, em cujo tronco se apoiava uma escada de mão. Falando, tagarelando, ele me instigou a subir alguns degraus.

— Está vendo minha colmeia? Naquele buraco ali, na forquilha? Ando extraindo mel silvestre.

Fitei o local designado, mas, como outras visões com que ele tentara me impressionar — a mais recente delas, um raro pássaro cantor em algum ponto de um matagal junto do lago —, era impossível descobrir a tal colmeia. Aquilo era um tanto enlouquecedor, sobretudo porque ele seguia se derramando em elogios ao mel, caracterizando seu gosto e a personalidade das abelhas. Eu me esforcei e, no entanto, não vi nada; depois, me empenhei mais, e vi menos ainda. Às minhas costas, sentia a pressão de seu entusiasmo, mas não tinha palavras para comentar uma colmeia cuja forma eu não podia distinguir e tampouco imaginar com clareza. Dizer que era "legal" não bastaria — ele esperava mais de mim. Aquele, porém, não era o tom habitual de nossas conversas. Fechei os olhos e tentei evocar a imagem de uma colmeia. Tentava ainda, quando ele chacoalhou a escada, sinalizando para que eu descesse.

A distorção perceptiva logo se intensificou. Retomando nosso passeio, ele lamentou o momento da minha visita.

— Britney Spears esteve aqui na semana passada — disse. — Essa você perdeu. E é uma pena que não possa ficar mais tempo. Helmut Kohl, o chanceler alemão, está vindo aí.

Eu ainda buscava integrar o primeiro nome num mapa improvisado da existência de Clark quando o segundo surgiu, tornando inútil meu esforço. O efeito que aquilo surtiu em mim foi semelhante ao que, assim eu tinha lido, produzem os melhores *koans* zen, suspendendo ou aniquilando o pensamento. Eu flutuava, libertado de minha própria mente. Nesse meio-tempo, ele já mencionara um novo convidado, um matemático que ou tinha acabado de partir ou estava para chegar, um certo dr. Stephen Wolfram.

— Você já ouviu falar nos "autômatos celulares"? — ele me perguntou.

— Não. São a especialidade dele ou o quê?

Clark me contou do que se tratava. Foi uma bela aula de ciências. Boa parte dela, não entendi, mas a ideia central ficou: a realidade era um programa de computador. A profundidade, o esplendor, as nuances do universo podiam ser explicados pela repetição — a reiteração infinita, incessante, robótica — de certas regras ou "códigos" bastante básicos. A informação era tudo; a vida, uma ilusão. As surpresas aparentes, as guinadas e os caminhos caprichosos da existência decorriam de um efeito matemático que Clark, ou Wolfram, chamava de "não linearidade". O novo nada mais era que a mesmice multiplicada; o mistério, uma máquina.

Ou talvez eu tenha entendido errado, porque é o que costuma acontecer comigo, sobretudo em se tratando das ciências: faço metáforas a partir de coisas que não existem e vejo princípios morais onde não há nenhum. Em todo caso, os autômatos celulares encantavam Clark porque explicavam todos os mistérios que atormentavam pesquisadores convencionais de várias disciplinas — cosmólogos, biólogos e até linguistas —, mostrando que a solução para todos esses enigmas era uma única e mesma. A realidade, como me explicou Clark, estava em vias de ser decifrada, e de um modo que Einstein, por exemplo, consideraria chocante.

— Puxa, que legal — comentei.

Meu vocabulário estava se esgotando.

— É um momento muito emocionante — Clark prosseguiu.

— Você é amigo desse doutor Wolfram? Como ele é?

Caminhávamos tão depressa que não ouvi a resposta. Começara a me preocupar a desconfiança de que dormiríamos ali fora naquela noite, talvez na árvore das abelhas e de cabeça para baixo, como morcegos. Clark não se cansava nem perdia o ímpeto. Talvez fosse um autômato celular cujo coração bombeava sangue digital. Alcançamos um ponto no relvado, próximo da rua, cuja importância ele sinalizou com um gesto, mas cujo significado não explicou senão alguns metros mais adiante:

— Foi ali que Shelby morreu — disse.

Perplexo, olhei para trás. Não tinha certeza de que ele havia me contado aquilo antes. Então a bela e pequenina Shelby, preta e vermelha, com seu corpo que mirrava em direção ao rabo, com aqueles olhos que, assim pensei, me diziam "Me salve de ser salva", tinha morrido? A cadela com a qual, como eu bem me lembrava, Clark falava com sua vozinha carinhosa de cachorrinho estava morta? Rememorei nossos telefonemas e não conseguia me lembrar de ter recebido a notícia, que, imaginei, teria me impressionado. O curioso era que eu não esperava vê-la ali, o que sugeria que eu sabia de seu falecimento. A vida avançara tão depressa naqueles poucos anos. Lembrava-me apenas dos relatos sobre os progressos no estado de saúde de Shelby e de como Clark a libertara da cadeira de rodas com a ajuda de alimentação adequada, acupuntura e de outros tratamentos.

— Foi atropelada por um carro — ele continuou. — O motorista nem parou para me informar. Só encontrei o corpo dela. Foi muito triste.

Mas ele não pareceu triste ao me contar como havia ficado triste. Suas palavras soaram como um relato factual. Talvez tivesse se endurecido por necessidade. Pobre Shelby, um brinquedo na mão de pessoas que queriam o melhor para ela. Recuperara mobilidade suficiente apenas para sucumbir ao destino do qual escapara antes. Minha mãe estava certa: eu devia tê-la sacrificado. Tudo o que fiz foi pôr o destino dela nas mãos de outros, até que ela própria descobrisse como tomá-lo de volta.

Clark finalmente me convidou a entrar na casa. Sentamo-nos numa salinha que acreditei ser uma estação intermediária a caminho de uma sala de estar mais espaçosa. O sofá não era novo nem bom; mais parecia um móvel velho, comprado de segunda mão de algum recém-falecido. Perguntei sobre o carro de polícia vazio. Era uma pergunta que eu arquivara sob a rubrica "assunto enfadonho para puxar conversa", e não como "visão dissonante a demandar explicação urgente". Clark respondeu com um "Ah, aquilo...". Era uma resposta que ele usava bastante, mas cuja função só compreendi após uma visita que fiz a ele na prisão, depois do julgamento: ela lhe dava um segundo e meio para pensar, que é todo o tempo de que uma mente como a dele precisa para produzir uma mentira dita em tom casual.

— Só uma medida de segurança — disse.

A explicação que se seguiu soou desordenada e incoerente, algo a ver com as supostas ambições da China de estender sua influência rumo ao espaço e ultrapassar tecnologicamente os Estados Unidos valendo-se de todo e qualquer meio disponível.

Arrancar de Clark um contexto que esclarecesse aquelas observações era tarefa que consumiria boa parte do fim de semana. O item real que estava no topo da nossa agenda — meu trabalho remunerado em seus romances inéditos — também era de difícil compreensão. Ele não me revelara a natureza daqueles escritos e, bizarra como era sua vida, seria impossível adivinhar que temas ficcionais haveriam de atraí-lo. O que ele gostava de ler, à exceção das obras do dr. Stephen Wolfram, era outro mistério. Eu havia feito uma ou outra tentativa de descobrir se ele havia lido meus livros, ou mesmo meus artigos ou resenhas para revistas, mas sua resposta sempre tinha sido mudar de assunto ou silenciar, e a modéstia me impedia de insistir. Contudo estávamos agora próximos de um momento em que, sem alguma reciprocidade da parte dele, nossa amizade parecia destinada a estagnar. Não tínhamos conhecidos nem compartilhávamos grandes experiências comuns, e Shelby, que nos aproximara, estava debaixo da terra.

Enquanto estávamos sentados ali, naquela salinha vazia, em algum momento mencionei um probleminha em uma de minhas contas bancárias relacionado a impostos não pagos.

— Estaduais ou federais?

A pergunta referia-se aos impostos. Federais. Clark, então, puxou uma caneta e um bloquinho que trazia consigo. Escreveu um número numa folha de papel e a arrancou.

— Aqui está — disse. — Ligue para o George.

Como ficara claro mais cedo, naquele mesmo princípio de noite, quando ele reclamara longamente dos problemas que seu pessoal tinha com a família Bush — um de seus assuntos favoritos —, "George" era o presidente. O presidente em exercício. Minha impressão fora que o conflito entre as duas dinastias se devia a diferenças de temperamento. Os Rockefeller eram dotados de espírito público, verdadeiramente dedicados ao bem comum, ao passo que os Bush só queriam saber deles mesmos.

— Esse número não é o da telefonista da Casa Branca — informou-me. — É a linha direta, particular. Ele vai responder pessoalmente.

A folha de papel foi depositada na palma da minha mão. Reagi obedecendo a uma programação e, por hábito, agradeci no melhor estilo classe média, porém, por dentro, aquilo me balançou. O poder de ligar para o comandante em chefe da nação a meu bel-prazer — embora eu não planejasse exercê-lo (as repercussões eram inimagináveis: um agente do Serviço Secreto bateria à minha porta?) — não se encaixava muito bem no conceito que eu tinha de mim mesmo. Ainda assim, dei uma olhada no número de telefone. Eram dez dígitos. Não era um número composto apenas de seis nem parecia ser aleatório. A impressão que dava era de um número autêntico de telefone. Mas comparado a quê? Eu jamais parara para pensar em que o número telefônico de um presidente diferia de outro, de um cidadão comum. Concluí que não havia diferença. Seria um número que não chamaria a atenção, como aquele ali, para o caso de agentes estrangeiros o descobrirem por acaso, num assalto à casa de Clark, por exemplo. Não olhariam duas vezes para aquele número. Talvez eu tampouco devesse fazê-lo. Não tinha certeza de que queria guardá-lo na memória, torná-lo alvo de possíveis interrogatórios. Não podia ser de verdade. Olhei de novo. Era. Era um número real de telefone, mas que não podia ser utilizado. Poderia haver consequências.

O pedaço de papel já estava bem no fundo do meu bolso quando Sandy chegou, uma emissária do sistema solar normal, situado em algum ponto lá fora, do qual eu sentia falta. Seu aspecto era de quem tinha sido castigada e esfolada em aventuras pelo mundo dos negócios, e ela vestia aquelas roupas que fazem as mulheres usar para provar que são sérias e não pensam muito em sexo. Conversaram um pouco, ela e Clark, sobre como havia sido a semana dela, mas com poucas palavras, desprovidas de calor humano: uma interação mínima que se seguia a uma ausência. Enquanto falavam, seus olhares se cruzaram sem se encontrar: ele fitava a porta, além dela, e ela, uma almofada no sofá, além dele. Foi então que Snooks surgiu, trazida, creio, por uma babá — fosse quem fosse, a acompanhante surgiu e desapareceu em segundos. Clark monopolizou a atenção da menina de imediato, instruindo-a a caminhar até ele. Fingi prender a respiração a cada passo. Minha barriga roncava. Pelo pouco que eu havia experimentado da hospitalidade dos Rockefeller, ela desdenhava de apetites e conforto físico em prol dos prazeres decorrentes de propiciar ao hóspede a proximidade com a vida em família. Eu me sentia devidamente privilegiado, mas precisava comer alguma coisa.

A comida não apareceu, não naquela noite. Valendo-se de um complicado pretexto, Clark desapareceu nas profundezas de sua estranha casa para falar com Sandy ou cuidar de Snooks, e eu terminei indo à cidade sozinho, a fim de matar minha fome com a comida de uma loja de conveniência. Quando voltei, Clark me levou até meu quarto, desprovido de toda e qualquer mobília, a não ser por um colchão duro que, segundo me lembro, jazia no chão, mas que talvez estivesse sobre uma armação baixa e espartana. As cobertas e os travesseiros finos gelaram-me a alma enquanto, deitado, eu lia um livro que Clark providenciara, uma biografia de Learned Hand na qual ele enfiara um pedaço de papel para marcar uma passagem sobre "Doveridge", a propriedade em que eu me encontrava. No passado, tinha sido uma bela casa — numa cidadezinha ou cidade do Meio-Oeste, poderia ter sido um prestigioso necrotério —, e a intenção de Clark era restaurar aquela sua glória passada. Por enquanto, contudo, o lugar era sofrível e aquilo não me agradou nem um pouco. O quarto ficava ora quente, ora frio demais, e meu sono foi leve e turbulento, uma luta enervante e semiconsciente contra abusos provenientes de dentro e de fora — meus pesadelos e as depressões no colchão capazes de entortar a coluna. De tempos em tempos, eu acordava e lia mais um pouco. Que vida mais certinha e aborrecida levou Learned Hand.

De manhã, ninguém apareceu. Ninguém me chamou para o café da manhã. Agucei os ouvidos para tentar identificar alguma indicação de barulho ou conversa no interior da casa, mas não me senti à vontade para arriscar ulteriores investigações. O corredor ainda não terminado do lado de fora do meu quarto, escuro e proibitivo, oferecia apenas poeira e ecos. Arrastei-me com cuidado para fora da casa, esfomeado, e caminhei por cerca de uma hora pela ruazinha sinuosa em que Shelby havia morrido. Para quem tinha cachorro, não cercar a propriedade parecia negligência. Clark havia providenciado um carro de polícia de mentirinha para sua própria segurança e, no entanto, não oferecera proteção semelhante a sua "Shellborg", como ele gostava de chamá-la nos tempos da cadeira de rodas.

Durante a maior parte do dia, fiz companhia a mim mesmo. Clark estava ocupado em um escritório que não me mostrou e cuja localização na casa não fui capaz de deduzir. Cuidava de uma "disputa trabalhista" em sua empresa de foguetes, disse-me. Sandy desaparecera. Decidi ir embora, mas não fui; não havia ninguém ali de quem pudesse me despedir. Ele reapareceu no final da tarde, com a proposta de que jantássemos fora e a insinuação de uma possível oportunidade de ver Salinger (ele "mora aí na frente") que reavivou ligeiramente meu interesse naquela visita. Eu tinha prometido a Mike e a Robert, lá em Boston, que, se encontrasse aquela lenda da literatura, escreveria sobre o encontro para a *Atlantic*. As chances de um encontro seguiam oscilando.

Rumamos para o sul por cerca de uma hora por estradas estreitas que, segundo me lembro, passavam por barracas em que se vendiam produtos das fazendas, ou por placas feitas à mão indicando-as. Depois, passamos também por muitas rochas e penhascos. Nosso destino era um café famoso sobretudo por seu chocolate quente, mas que Clark achava que deveríamos experimentar como local para jantar. Na condição de passageiro, ele parecia apreciar a viagem. Olhava pela janela como um garoto sonhador. Insisti nos temas prevenção de sequestro e Lebensraum chinês.

— Ah, aquilo... — disse ele.

Depois, me contou sobre sua física de propulsão a jato, sua empresa de engenharia que atuava no campo da "viagem interestelar" e que estava sediada, segundo me disse, na área rural de Quebec, duas ou três horas ao norte de Cornish. O sistema que a empresa desenvolvia era baseado no "efeito Casimir", algum tipo de força que os físicos quânticos identificaram e que se cria quando duas partículas são posicionadas infinitamente próximas, embora sem se tocar. A China tinha ouvido falar de seus progressos. O programa espacial chinês, vinculado aos militares, tinha a tradição de sequestrar cientistas espaciais estrangeiros e pô-los para trabalhar nos próprios laboratórios. Assim, por que não tomar cuidado? Daí o carro de polícia. Ademais, disse ele, eu devia ligar para George Bush no dia seguinte. Não podia ser tímido, timidez era tolice.

O jantar foi decepcionante. Não lembro o que foi que comemos. O que ficou foi a sensação de escassez e a lembrança de que o cardápio prometia mais do que cumpria. Tampouco me lembro do que conversamos. Eu devia ter tantas perguntas que, de certo modo, até duvido que tenha tentado fazê-las. A lembrança que sobrepuja todas é apenas um detalhe, mas um detalhe que me pareceu gigantesco naquela noite: quem pagou fui eu. O jantar foi por minha conta, e não por opção. Aquilo me aborreceu. O truque da carteira, ou da falta dela, era um clássico da elite branca, protestante e anglo-saxã, contudo parecia abaixo de sua capacidade como mago da idiossincrasia. Clark comera com avidez, como se tivesse aguardado por aquela refeição, e, ao pedir sobremesa, me fez pedir também, depois de eu ter dito que não estava com fome. Eu estava de olho na conta, porque supus que ele fosse pagar, e interpretei seu pedido de sobremesa como uma ordem para que eu relaxasse e aproveitasse o convite. Ele já havia me ludibriado antes com sua "gratificação". Era de esperar. Mas, por estranho que possa parecer, achei que, daquela vez, ele talvez quisesse me recompensar pelo abuso anterior. Era o que eu teria feito. Não éramos ambos cavalheiros?

A viagem de volta a sua mansão excêntrica foi tensa e interminável. A rodovia avançava paralelamente a um rio ladeado por bosques, e repetidas vezes eu desacelerei ao fazer as curvas por medo de deparar com algum veículo em velocidade que houvesse cruzado a linha central da pista. Nada. Estávamos sozinhos na estrada. Quem era aquele homem a meu lado, afinal? Ele não gostava de mim nem me respeitava. Eu não deveria estar ali. Depois de nosso primeiro encontro em Nova York e daquele cheque de quinhentos dólares, eu deveria ter agido como faz uma mulher inteligente ao sair com alguém pela primeira vez: deveria tê-lo dispensado à primeira infração — "Até mais". E, aliás, que significado tinham aquelas acomodações aflitivas, o quarto sem calefação, o colchão decrépito? Ele estava tentando descobrir quanto abuso eu aceitaria ou, mais provável, quanto eu não aceitaria?

Chegamos a Cornish naquela escuridão que cai tão espessa sobre o campo, sobre celeiros de fazendas e barracas de produtos, a escuridão característica de todos aqueles lugares em que se vendem abóboras na beira da estrada e onde as pessoas penduram espigas de milho na porta da frente. O rosto de Clark estava voltado para outro lado, mas ele parecia ter consciência do meu desencanto. De novo, mencionou Salinger. Numa manobra óbvia para me acalmar, disse que havíamos passado pela casa do escritor cerca de dois quilômetros antes, mas, para mim, aquele assunto estava encerrado. Algo tinha mudado entre nós: eu. No verão anterior, eu publicara um romance que tinha recebido boas resenhas e sido comprado por uma companhia cinematográfica, elevando meu valor a meus próprios olhos. Tinha dois filhos agora. Não precisava de amizades que mais pareciam uma espécie de trote. Não merecia chibatadas vindas de alguma instância superior. Despedimo-nos com um mecânico "boa-noite", e cada um foi para sua cama. Resolvi ir embora antes ainda de ele se levantar.

Ao acordar na manhã seguinte, encontrei-o à porta do meu quarto. Viajaríamos para Hanover, visitaríamos o museu de arte de Dartmouth antes do horário de abertura para o público ("Minha tia construiu o lugar. O guarda deixa a gente entrar") e, depois, no café da manhã, conversaríamos sobre seus romances e sobre como eu poderia melhorá-los.

— Por favor — disse ele. — É o que eu estava esperando, pacientemente.

— Afinal, do que tratam esses livros que você escreveu?

— Eu conto assim que estivermos lá.

"Lá" significava Dartmouth, faculdade com a qual Clark tinha algum contato, o que fazia de Princeton a única universidade de elite na qual ele jamais estudara nem estivera para algum tipo obscuro de pós-graduação. A lição que extraí daquilo foi que, com dinheiro, se é bem-vindo em toda parte. O campus de Dartmouth era austero, se comparado ao de Princeton. Sua atmosfera rala, seca, era bem Nova Inglaterra e, logo na entrada, erguia-se um edifício de bem-ordenadas colunas brancas de um classicismo que parecia falso e arrogante. O museu, porém, era mais moderno. Sua fachada de concreto era de um cinza listrado de chuva e fuligem, como a entrada de um bunker. Lá dentro, havia uma mesa com um guarda, de quem Clark se aproximou, enquanto, polido e discreto, eu me detive. O guarda, como era de prever, abriu o museu para nós, o que, se não era uma atitude típica do guarda, por certo era típica de Clark, que de novo pressionava alguém a se trair para que Clark pudesse melhor se passar por Clark.

Demos uma olhada na coleção permanente, mas não à maneira reverente, pausada e cuidadosa dos visitantes habituais de museus. Clark disparou pelos quadros que mais apreciava, acrescentando ríspidas notas de rodapé ao que víamos e deixando pouco tempo para que eu refletisse sobre seus comentários. Eu não estava num humor particularmente contemplativo. Não havia espaço em minha mente para cultura e história. Estava, sim, tramando um jeito de escapar daquela situação — não minha partida física dali, mas minha saída emocional. O monólogo no museu só era interessante como lembrança apoteótica de um relacionamento desequilibrado e insultuoso que se estendera por tempo demais e se desfigurara. Aquele sujeitinho metido a besta, chilreante, pedante e entorpecedor! Em algum nível, eu devia me odiar. Finalmente reconhecia agora o óbvio. Esse ódio de mim mesmo, eu não o sentia então, não que eu percebesse; contudo seus indícios se amontoavam. Clark necessitara de tão poucos indícios para me diagnosticar, ao passo que eu precisara de muitos. Eu sentia o tal ódio, está certo, mas era um ódio que, em sua maior parte, assumia a forma de um ódio voltado contra ele. Minha situação estava muito clara, e ainda assim era confusa. Eu devia ir escrever de imediato, tentar resolver tudo no papel. Foi o que decidi fazer.

Estávamos sentados a uma mesa bamba na calçada e pedimos café, chá, suco e tortas. Jurei a mim mesmo que faria Clark pagar a conta, embora o melhor talvez fosse dividi-la. A dignidade estava em segurar as próprias pontas, ou deveria eu envergonhá-lo e pagar tudo? É claro que aquilo não o envergonharia, ainda que devesse, mas a visão de mais um ato de descaramento por parte dele talvez me forçasse a agir, em vez de ficar tão somente nervoso. Turistas passavam em suas roupas chamativas, irritados uns com os outros, aborrecidos pela falta do que fazer. Eu tinha de voltar ao trabalho. Não podia esperar. Cada instante passado com Clark era um terrível desperdício. Precisava de um epitáfio para ele, e esse epitáfio era: foi um desperdício e um desperdiçador, e de propósito. Ficar refletindo muito sobre qual seria seu propósito era apenas mais desperdício.

— Sabia que considero você meu melhor amigo? — ele disse.

O timing perfeito me assustou. Eu estava prestes a jogar o café na cara dele, que prosseguiu:

— Vou dizer por quê. Você é a única pessoa na minha vida que não quer alguma coisa de mim, que não é invejoso. Não posso ser eu mesmo com a maioria das gentes. É uma maldição. Mas, com você, posso relaxar e me sentir à vontade. Sou grato por isso. Que bela visita! É esplêndido.

— Obrigado — respondi.

Sua efusividade fez com que eu me sentisse encurralado. Cortei um pedaço de torta, que mergulhei no café. Ao fazê-lo, fiquei observando a reação de Clark. Embora ela me parecesse desgostosa, ele estava determinado a não demonstrar seu desgosto. Sim, eu molhava torta no café, ele não. Vínhamos de mundos diferentes. Porém, o meu já não me envergonhava, e isso significava que o dele estava perdendo poder. Tive certeza de que ele percebeu isso e estava curioso para saber o que faria para tentar recuperar aquele poder.

O que fez foi uma confissão. Convidou-me a mergulhar fundo em sua tristeza, esmagando-me sob o peso da melancolia. Sua família era cruel. Tios e tias, substitutos de seus pais, mortos, o haviam despachado de casa em casa. A irmã, louca, apodrecia em algum hospital. Não ficou claro para mim se Clark sentia saudade dela ou se o encarceramento da irmã lhe convinha. Lembrava-me ainda de, certa vez, ele a ter descrito como um fardo. A si próprio, descreveu como uma alma errante e perdida, que havia desfrutado de educação, mas jamais de uma criação de verdade, e que tinha se contentado com o conhecimento pago em troca da afeição sem preço. As membranas que envolviam seus olhos azul-claros se avermelharam. As laterais das narinas entumeceram-se e tremelicavam sutilmente. As pessoas passavam por nossa mesa e não tinham ideia de que, ali ao lado, um Rockefeller agonizava, derramando seus problemas num mero Kirn. "Este país...", lembro-me de ter pensado, "ele mistura e agrupa todos nós de um jeito tão estranho." O caldeirão de culturas e raças estava em plena ebulição.

— Me conta sobre os romances que você está escrevendo.

Perguntei aquilo, disse a mim mesmo, para ganhar tempo, e não porque estivesse curioso de fato. Interiormente, mantinha-me distante, mas meu tom era solícito. Se eu o atraísse de volta para uma conversa agradável, pensei, ele acabaria por retomar sua tentativa de dominação e me irritaria de novo. Eu precisava dessa irritação nova. Ele a extrairia de mim. Precisava de dor nova que me pusesse em movimento.

— Como? — ele perguntou.

— Os livros. Seus romances. Sobre o que você escreveu?

— Ah, aquilo... — ele disse. — São homenagens. Adaptações. Coisas divertidas de escrever, mas não posso dizer que sejam originais.

— Literatura nunca é original — comentei.

Era uma ideia que eu trouxera de Princeton, que, por sua vez, a tomara emprestada de Yale, de Harold Bloom, um catedrático de lá. Ele havia escrito *A angústia da influência*. Era um daqueles livros cujo título já diz tudo, o que me permitira lê-lo por cima sem dor na consciência.

— Meus romances são adaptações de episódios memoráveis de *Jornada nas estrelas*, o seriado de TV — Clark informou-me.

Jornada nas estrelas? Pronunciar as palavras ajudou a me manter colado ao chão e, assim eu esperava, a dissimular minha perplexidade.

— E os direitos? — perguntei. — Você comprou os direitos? Se quer explorar uma marca registrada que é propriedade de terceiros, primeiro vai precisar adquirir os direitos para poder fazer isso.

Eu repetia o vocabulário de meu pai, advogado, agradecido pelo escudo que isso me proporcionava.

— Ah, tenho certeza de que o proprietário vai me vender os direitos. Você sabe, Walter, pagando, tudo está à venda.

— Certo — eu disse. — Isso é verdade.

Ainda estava me recompondo e começando a achar que o processo poderia levar algum tempo. Talvez eu devesse pensar em prolongá-lo, para provocar Clark e, só para variar, desperdiçar seu tempo:

— Então, cada romance, cada livro, é um...

— Episódio — ele completou.

— Interessante.

Queria dizer o contrário. Repeti a palavra para deixar isso claro, caso ele pensasse que eu estava sendo sincero, e não astucioso:

— Interessante.

Era uma palavra que eu raras vezes empregava a sério, quando reagia à descrição de um livro ou ideias a serem desenvolvidas em livro. Mas será que ele sabia disso? Era também uma palavra que, repetida uma terceira vez, se transformava em elogio, ou assim eu temia. Não tornei a pronunciá-la. Em vez disso, tentei parecer o mais distante possível, e distanciando-me ainda mais a cada milissegundo, de volta para minha vida, de volta a Montana, fora do alcance dele. E já estava mesmo quase lá. Tudo o que tinha a fazer era, antes, dar uma carona a ele, levá-lo de volta para casa.

— *Jornada nas estrelas: A nova geração* — Clark explicou. — Você deve estar pensando no seriado original. Não está? Acho que está. O seriado original nunca me conquistou. Achava muito inferior. Sempre preferi a sequência.

11.

Fui jantar com o coronel Rayermann no Hotel Bonaventura, local que ele escolheu por "razões sentimentais". Revelou-as para mim já no saguão, uma construção futurista vinda do passado: altíssima, muitos reflexos, curva e panorâmica — um bom lugar onde tomar um trago depois de despido o uniforme espacial ao término de uma viagem ao redor da galáxia. Com sua postura impecável como a de um astronauta, a pele muito branca e olhos azuis bem claros (eu só tinha visto olhos como aqueles em pastores-alemães), Rayermann parecia ter regressado de tal viagem: conquistara para nós algum quadrante estrelado, fizera o devido relatório sobre a missão, fora exibido ao público e enviado de volta a sua base. Na camisa, exibia um emblema prateado e pontiagudo de *Jornada nas estrelas* que contrastava um pouco com seu paletó de homem feito. Na lapela, levava um pequeno alfinete no formato de uma nave espacial: uma Discus 3, como ele a chamou. Era um tipo bastante especial de ex-soldado; eu não conseguia imaginar por que não havia chegado a general. Talvez fosse verdade o que as pessoas diziam sobre os generais:

são políticos. O coronel não era desse tipo. Vivia muito próximo dos fatos.

— Foi aqui que definimos as bases para as unidades do ramo sênior dos escoteiros, em 16 de dezembro de 1971 — disse ele, referindo-se à unidade a que ele e John Sohus haviam pertencido. Depois, tomou um gole do coquetel que eu havia pedido, pelo qual me agradeceu sem demora. Já estava pronto a lhe pagar outro, só pelo prazer de tornar a ouvir com que habilidade a classe dos oficiais expressava pequenos agradecimentos.

Nossa conversa tomou desde o início o caminho da digressão. Eu era alguns anos mais jovem que o coronel, mas tinha idade suficiente para me amarrar em assuntos galácticos da mesma forma que ele e John haviam feito na adolescência. Como era de supor que o coronel houvesse tido livre acesso a informação ultrassecreta — acesso de verdade, e não do tipo que Clark imaginava ter —, perguntei a ele, antes de tudo, se os óvnis de fato existiam. Ele admitiu que formas de vida alienígenas ainda não descobertas existiam (uma certeza cósmica, em sua opinião), mas revelou ter passado tempo demais no Exército para acreditar que o governo fosse capaz de ocultar com sucesso um eventual disco voador caído na Terra e recuperado, ou um marciano morto. Seu próprio gracejo o conduziu por um caminho doloroso, na medida em que o coronel se pôs a lamentar o corte das audaciosas missões que tanto o inspiraram na juventude. O fim do programa de ônibus espaciais da NASA representou um recuo dos Estados Unidos, que, assim ele acreditava, tinha perdido um pouco do seu espírito de aventura.

Quando falamos a respeito do acusado de assassinar seu melhor amigo, Rayermann arriscou uma observação com que eu já deparara uma ou duas vezes antes, em salas de bate-papo on-line que discutiam o caso: a de que Clark, o homem de muitas caras, disporia das habilidades de um espião profissional.

— É quase como se ele tivesse sido treinado pela CIA ou pela KGB — disse o coronel. — Poucos dias depois de sequestrar a filha, ele já tinha criado para si uma identidade completamente nova. Pouquíssimas pessoas são capazes disso. É preciso ter uma mente bastante disciplinada, capaz de um grau incrível de compartimentação. Abandonar uma identidade sob a qual você viveu dois meses, vinte anos, seja lá quanto tempo for, e passar de imediato a ser outra pessoa...

Rayermann balançou a cabeça negativamente, enquanto levantava a mão para atrair a atenção da garçonete que servia as bebidas. Depois, continuou:

— Não acredito que ele tenha sido treinado, mas uau!

Assenti, porque conhecia aquele sentimento: acompanhar de perto tanto a vida de Clark como os testemunhos no tribunal abriu em mim um veio paranoico. Algumas noites antes, enquanto navegava pela internet em busca de informação sobre a psicologia dos assassinos narcisistas, eu topei com a história assustadora e inacreditável do projeto de controle da mente da CIA chamado MKULTRA. Revelado ao grande público em 1975 por uma comissão especialmente designada e denominada, claro, Comissão Rockefeller, esse programa bastante real e de uma insanidade profunda tinha nascido em meio ao temor da "ameaça comunista" nos anos 1950 e recrutado inúmeros participantes — alguns conscientes do que estavam fazendo, outros nem tanto —, submetidos a uma série de experimentos típicos do dr. Fantástico de Kubrick, envolvendo LSD e outros alucinógenos. O objetivo, ao que parece, era reagir às várias técnicas de "lavagem cerebral" (ou competir com elas) que, acreditava-se, vinham sendo empregadas pelos inimigos comunistas — o tipo de coisa sombria que se vê em *Sob o domínio do mal*, por exemplo.

Mas aqueles fatos sobre o programa eram apenas parte da história toda. O mito, a lenda urbana chamada MKULTRA, deu origem a uma teia sinistra de teorizações que sufocaram toda a racionalidade em muitos que o estudaram. Para os autointitulados buscadores da verdade que fazem pesquisas noturnas na internet, aquilo explicava tudo — como sói acontecer com teorias assim —, desde o assassinato de John Kennedy até a formação do Federal Reserve, o Banco Central americano. De acordo com um dos sites extremos que visitei, explicava inclusive Clark Rockefeller. Ele seria um zumbi da elite dominante, farmacologicamente modelado e controlado para fins malévolos e insondáveis. Gastei três minutos naquele site ensandecido, antes de fechar meu computador e tentar dormir. Impossível. Apesar de um comprimido de melatonina seguido de um banho quente de banheira com sais, meus neurônios continuaram zunindo e fritando por mais duas horas.

Quando o jantar chegou, perguntei a Rayermann sobre *Jornada nas estrelas*. Ele estimava que, com John, tinha visto cada episódio "cerca de" 120 vezes. Descreveu o apelo idealista do seriado para mim de uma forma que eu jamais tinha ouvido e que achei estranhamente pungente, dadas as circunstâncias, um apelo que se aplicava sobretudo aos filhos da Guerra Fria.

— *Jornada nas estrelas* — disse ele — continua uma visão bastante otimista. Não importam as dificuldades e provações pelas quais passamos hoje, um futuro melhor nos espera. Precisamos trabalhar para ele, não podemos desistir, e chegaremos lá. É um seriado sobre seres humanos aprendendo a ser mais iguais, em parte porque aprendemos que, uau, existem outros seres inteligentes e pensantes na galáxia, capazes de viajar pelo espaço.

Enquanto Rayermann falava, seu rosto foi ganhando uma expressão infantil, adquiriu um aspecto onírico. Pela primeira vez desde o início do julgamento, pude imaginar John Sohus vivo, algo mais que uma sacola de ossos ou um rosto parcialmente encoberto por um capuz na fotografia do casamento com Linda, em pleno Halloween. John era parecido com Mike, meu amigo de infância e também fã ardoroso de ficção científica. Lemos Ray Bradbury juntos. Lançávamos foguetes de modelar de cima de uma colina de feno e corríamos pelo campo atrás de seus paraquedas de plástico à deriva, até perder toda esperança de recuperá-los. Quando tínhamos sete anos, o homem pisou na Lua — o "homem", aquela antiga abstração iluminista —, e ficamos os dois, no meio da rua que separava nossas casas, atirando pedras em direção à escuridão, na tentativa de acertar a bandeira que Neil Armstrong fincara lá. Éramos filhos da corrida espacial, assim como John e Rayermann, encantados com sua grandeza e seu caráter espantoso, dispostos a contemplar o céu noturno como uma vasta profecia a anunciar o progresso da civilização. À nossa volta, mísseis em silos, caças, submarinos, forças terríveis se amontoavam para o conflito, mas havia também a sensação de que uma força contrária e ampla premia por descobertas surpreendentes. Talvez um dia pudéssemos voar, voar sozinhos, impulsionados por um propulsor a jato ou por um helicóptero individual. Talvez até aprendêssemos a conversar com chimpanzés e golfinhos. Quem sabe conheceríamos um homem que tivesse velejado para além de Andrômeda e retornado mais jovem. Talvez não tivéssemos mais de morrer — ou isso ou herdaríamos uma terra coberta de cinzas, nossos membros radioativos reduzidos a pequenos tocos. Os perigos e as promessas. A maravilha. Aquela sensação de intimidade com o infinito podia fazer um garoto se sentir ao mesmo tempo insignificante e imenso.

— E romances? Existem romances baseados em *Jornada nas estrelas*? — perguntei a Rayermann.

Sem hesitar, ele respondeu:

— O primeiro foi *Mission to Horatius*.

— Você sabe se John leu esse livro?

— Leu, com certeza.

Ali, naquele saguão de estação espacial, ao lado do coronel

que havia crescido e se tornado o que John sonhara ser (e o que Clark, em segredo, fingia ser em Cornish, e tão bem que os chineses estavam atrás dele), tomou forma minha teoria da psicopatia. Não havia nenhum indício de que Clark tivesse sido um *trekkie* ou um fã de propulsão a jato, ou não até ele matar um homem que o era de fato e, depois, se apossar de suas fantasias e hobbies. Clark era pior que um assassino, que um mutilador de corpos ou que um praticante de jogos de tabuleiro à beira de uma cova: ele era um canibal de almas.

Era possível também que fosse uma encarnação de algo chamado "a entidade", Rayermann me explicou durante o jantar. O termo surgira quando pus em dúvida a afirmação um tanto embriagada do coronel de que "tudo o que você precisa saber pode aprender com *Jornada nas estrelas*". Pois muito bem, senhor: de todos os monstros e vilões do seriado (do original, porque o coronel desprezava a sequência), havia algum que se assemelhasse ao réu?

O coronel olhou para o saguão, calculando, processando, mas não por mais de dez segundos.

— Segunda temporada. A tripulação está em Argelius II, o planeta do amor, um lugar desabituado à violência. De repente, pessoas são esfaqueadas, diversas mulheres são assassinadas, e Scotty, o engenheiro Montgomery Scott, é flagrado na cena de um desses crimes. As autoridades locais levam o engenheiro a julgamento. Acontece que o culpado é um alienígena, uma espécie de entidade sem corpo, antes pensamento e energia que um ser físico, e que apareceu na Terra pela primeira vez como Jack, o Estripador. Quando a humanidade começou a querer se expandir para as estrelas, essa criatura, essa entidade, foi junto e pôs-se a atacar outras colônias e planetas. No final, ela é derrotada por Kirk e Spock, que ajustam o teletransportador da *Enterprise* para "maior dispersão possível" e despacham a entidade para o espaço. O episódio, não me lembro do nome, termina com uma fala de McCoy. Acho que ele se pergunta: "Será que ela pode se recompor de novo?".

Instantes depois, o coronel completa:

— O episódio se chama "O lobo no rebanho". Eu ficaria muito bravo comigo mesmo se tivesse me esquecido do nome.

— Faz sentido.

— *Jornada nas estrelas* é um recurso notável, não é mesmo?

Concordei com ele e agradeci pelos esclarecimentos. Não o fiz de maneira leviana ou zombeteira, mas com aquela que eu esperava ser minha própria versão civil da precisão dele. Rayermann tinha me oferecido um fato em um momento em que os fatos pareciam escassos: para o assunto em pauta, *Jornada nas estrelas* — o seriado original, e não a sequência — era obra de referência tão útil como qualquer outra que eu havia encontrado até aquele momento. "A entidade." Aquilo dava nome à coisa incansável que se escondia por trás dos diferentes pseudônimos, àquela coisa que parecia mudar, porém nunca mudava. Tivesse eu maior conhecimento do seriado que lhe dera origem, aquela metáfora poderia ter me deixado louco. Destruição por meio da "maior dispersão possível". Fazia todo o sentido.

12.

No dia em que Sandra Boss estava escalada para testemunhar, Maisie, minha filha de catorze anos, foi comigo ao tribunal. Ela estava de folga da escola, em Montana. Ocupado que estava, escrevendo e fazendo reportagens, havia mais de um mês que eu não a via, nem seu irmão. Passamos o fim de semana da Páscoa caminhando pela praia em Malibu. Naquela primavera, muitos filhotes de foca apareceram mortos, em algo que os biólogos do governo estavam chamando de um "episódio incomum de mortandade". Já havíamos visto cinco deles naquela manhã de domingo, seus corpos espalhados pela praia a um intervalo regular de mais ou menos cinquenta metros e circundados por nuvens resplandecentes de mosquitos. Outras famílias talvez evitassem o local, mas nós estávamos fascinados. Depois de viver por anos numa fazenda, estávamos acostumados a encontrar carcaças de animais — veados, um antílope recém-nascido, texugos, porcos-espinhos. Nós as remexíamos com varas e realizávamos autópsias improvisadas. "Papai, eu amo coisas mortas", Maisie me dissera certa vez, junto do cadáver de um cervo cuja garganta tinha sido rasgada por um puma, ou assim acreditamos. Pensei compreender o que ela dizia. A morte nos permite examinar mais de perto criaturas desconhecidas, mais do que a vida.

Desejosa de parecer adulta na sala do tribunal, Maisie sentou-se no banco como se estivesse numa igreja. Vestia malha de lã cinza e, com fitas pretas elásticas, erguera num coque os cabelos loiros, compridos até a cintura. As maçãs do rosto eram largas, húngaras como as da minha mãe, mas os olhos verdes puxados eram um mistério ancestral. Eles varreram a cena com aparente maestria, resultado dos programas de TV sobre crimes de verdade a que ela gostava de assistir quando vinha me visitar nos fins de semana. Maisie sabia como era a sala do tribunal, conhecia o protocolo e os papéis reservados a cada um ali dentro, inclusive os da implacável estenógrafa e do entediado e corpulento oficial com sua arma. O que ela não sabia era que eu a levara comigo não em razão de uma particular lembrança familiar, e sim para encerrar um ciclo com o réu. Ironicamente, minha amizade com Clark havia, em seu momento derradeiro, se baseado apenas em nossos filhos, em nossa condição compartilhada de pais divorciados.

Os telefonemas começaram no final de 2007, pouco antes do Natal, depois que Clark e Sandy se separaram. Ele bufava e se lamentava, ressentido e pesaroso.

— Ela me roubou a menina! Roubou minha querida Snooks! — queixava-se. — Não tenho nada, Walter, não me sobrou mais nada.

Eu jamais o ouvira expressar emoções fortes, e o sotaque de exagerada boa educação de seu desespero era um absurdo. Tratava-se de uma voz que não tinha sido feita para entoar canções tristes. Sua palavra preferida, "ar-ra-sa-do", pronunciada sílaba a sílaba, fazia com que ele soasse como um solteirão de Oscar Wilde lamentando não uma filha perdida, mas qualquer outra coisa: um paletó manchado de gordura ou uma taça de champanhe trincada.

Contou-me que estava morando em seu clube de Boston, e eu o imaginei deitado num divã duro, os sapatos *top-siders* jazendo a seu lado no tapete de uma sala repleta de sombras cor de chá, de retratos bolorentos e de antigos e macilentos móveis de madeira. Não o invejava. Talvez nunca tivesse sentido inveja dele. O que eu queria, creio, era que ele sentisse inveja de mim.

Às vezes, ele ligava à noite, eu estava lendo e mantinha o livro aberto à minha frente, enquanto o ouvia resmungar e rosnar. Não podia me dar ao luxo de uma recaída da amargura, porque também eu tinha sobrevivido a um longo período de horror. Uma vez, ele me interrompeu, a mim e a meus filhos, enquanto nos preparávamos para jogar Banco Imobiliário, e, pela primeira vez desde que o conhecera, eu disse que ligaria de volta depois, no dia seguinte. Gostei daquela minha recém-descoberta dianteira. Em termos de privação de paternidade, eu estava alguns anos à frente dele. Explorei minha superioridade dando-lhe conselhos sobre uma dieta saudável e o poder calmante dos exercícios físicos regulares, mas não identifiquei nenhum sinal de que ele me ouvira. Durante toda a nossa convivência, jamais ouvi de volta dos lábios dele qualquer coisa que houvesse lhe dito — das histórias que lhe contei às opiniões que manifestei, passando pelos conselhos que dei.

Toda vez que eu aconselhava Clark a ir à Justiça demandar visitas mais frequentes à filha, ele respondia que estava duro, quebrado, e que Sandy, ao se mudar com Snooks para a Inglaterra e aceitar um emprego no escritório londrino da empresa de consultoria McKinsey, estava fora de seu alcance legal. Seu derrotismo me desestimulava como pai. Se mesmo alguém com aquele sobrenome estupendo e aquela posição social podia ser derrubado por leis e advogados, o que isso significava para pessoas comuns como eu? Temi que ele acabasse por fazer alguma coisa contra si mesmo. Parecia isolado. Shelby já estava morta nessa época, e Yates também, supus, porque ele nunca mais o mencionara.

Toquei o ombro de minha filha quando Sandra Boss, cuja presença atraíra contingente maior da imprensa e nos obrigou a nos apertar nos bancos, adentrou as pesadas portas de madeira castanha da sala do tribunal. Os cabelos na altura dos ombros eram daquele loiro que recobre o grisalho; nas orelhas, duas pérolas modestas cintilando o brilho do dinheiro não desperdiçado, e sim aos cuidados de um banco. Sua postura era menos o da mulher de negócios que a de uma bandeirante. Quando ela ergueu a mão direita, jurando dizer a verdade, Abraham Lincoln se endireitou no retrato da parede.

Para mim, os modos dela tinham um quê de exagero. Com certeza, ela sabia que havia céticos na plateia, incapazes de conciliar aquele seu currículo primoroso com tanta credulidade. O canal Lifetime tinha passado um filme intitulado *Quem é Clark Rockefeller?*. O filme ficava do lado dela na questão do sequestro de Snooks, mas não investigava em profundidade o que ia pela cabeça de Sandra durante todos aqueles anos em que ela viveu com alguém que parecia não trabalhar, que nunca a apresentou aos parentes, que torrava o salário dela e que escarnecia cruelmente das capacidades dela como mãe.

Tal como Mihoko Manabe, mas numa voz mais vigorosa — seu jeito de falar era mais chique do que eu me lembrava; ao que parecia, Londres polira e lustrara seus modos —, Sandra contou a história de um namoro florido que descamba para uma armadilha e para a rigidez total. De início, Clark era galante e lisonjeiro, ela disse: o único homem com quem havia saído que não se sentira ameaçado pela inteligência dela. Logo, porém, as obsessões e as regras excêntricas dele assumiram o comando. Em público, ele sempre usava algum tipo de chapéu. Quando passavam por Connecticut, Clark a proibia de parar, qualquer que fosse o motivo, porque fora ali que acontecera o acidente de carro dos pais dele, razão pela qual considerava aquele estado amaldiçoado. Recusava-

-se também a pôr os pés na Califórnia, outra suposta sede do mal. Na casa, tinha instalado uma verdadeira central telefônica, com linhas de diferentes códigos de discagem, até mesmo internacionais. A correspondência, ele a recebia por intermédio de uma série de caixas postais. Certa vez, lembrou ela, Clark permitiu que desse uma olhadela num fax — um acidente deliberado, ela acreditava agora — em cujas margens se lia "Comissão Trilateral". Quando perguntada se de fato acreditava que Clark pertencia a um grupo que legiões de teóricos da conspiração acusavam de ditar em segredo os rumos do mundo, Sandra espantou a todos com um sim.

— A ideia era que ele era uma espécie de aspirante que precisava ganhar pontos para avançar.

Depois de uma hora desse tipo de testemunho, minha filha pegou minha caneta e rabiscou no meu bloco de notas: "É doido pensar que ele está sentado bem ali e tem todas as respostas". Era um comentário que captava bem a situação. O julgamento de um réu silente, sobretudo de alguém que passou a vida inteira mentindo para todo mundo sobre quase tudo, não pode parecer a uma criança senão o que é: um exercício imensamente custoso que busca ler a mente do acusado. Perguntei-me se ele estava gostando daquele jogo de adivinhação para o qual nos atraíra a todos. Sim, porque ali estávamos de novo, do jeito que ele queria e gostava: atormentados, zonzos e no escuro. E lá estava ele, protegido por seus direitos constitucionais e fitando a esposa com um sorriso simulado que todos os livros já escritos sobre vampiros aconselhavam a não encarar por um único instante sequer.

— O que você acha? — sussurrei para minha filha.

Balian prosseguia com suas perguntas, e eu estava orgulhoso de ter proporcionado a Maisie aquela excursão.

— Ele me parece incrivelmente solitário — ela sussurrou de volta.

— É o que acontece quando a gente nunca diz a verdade — eu disse.

— Eu sei. Será que agora a gente pode ficar quieto?

— A mulher está em algum lugar das montanhas, segundo os investigadores. Não conseguem encontrar o corpo.

— Pai, quieto, estou falando sério.

Só para irritá-la ainda mais, passei meu braço sobre seus ombros. Eu sentia falta de seus chiliquezinhos adolescentes. Eles lembravam meu poder de pai, e que esse poder estava se acabando, como, aliás, devia ser no curso normal da vida. Quase desejei que Clark se voltasse e nos visse ali. Eu conseguira manter o que ele perdera, e alguma parte jactanciosa de mim queria que ele soubesse disso, que reconhecesse minha vitória. Não era uma coisa legal. Era cruel. Mas homens são seres competitivos.

Maisie tornou a apanhar meu bloco de notas e escreveu: "O que é testemunho indireto?"

— Não é assim que se escreve — sussurrei.

Em inglês, ela havia escrito "heresay". Escrevi a forma correta para ela: "hearsay".

"Sim, mas o que é isso?", ela escreveu de volta.

"É aquilo que você ouviu dizer e repete. Não vale como prova."

"Por que não?"

Aquilo era divertido. Como no ginásio.

"Porque pode não ser verdade. Pode ser um equívoco", escrevi.

Ela se pôs a pensar um pouco. Olhou para Clark, para Balian, para Sandra e, de novo, para Clark. Por fim, baixou o olhar para o bloco de notas.

— Ainda estou confusa — sussurrou. — O que a gente ouve dizer pode ser verdade também. E se for verdade e for a única prova?

— Seria uma pena — respondi.

* * *

A notícia do sequestro chegou até mim pela internet, no final de julho de 2008. Eu estava diante do meu computador, em Montana, me preparando para escrever, uma transição que se tornava mais difícil a cada mês. Alguma coisa na estrutura do meu cérebro — sua natureza associativa, porosa, aberta — não tinha defesa contra uma internet em crescente expansão. Todo vídeo, toda matéria, fotografia, e-mail, todo diagrama mostrando a situação das ações no mercado, toda foto sexy e toda previsão meteorológica para os cinco dias seguintes eram um convite para entrar naquela floresta e, duas ou três migalhas de pão adiante, as bruxas me pegavam, eu já estava em seu forno. Muitas tentações que encontramos na vida têm sua razão de ser num passado distante: são muito antigas, perenes, e delas somos avisados já na juventude. Aquela, porém, surgira do nada.

Minha namorada à época, também jornalista, trabalhava numa sala do outro lado do corredor. Eu dei um grito, corri para lá com meu laptop, depositei-o na mesa e comecei a ler a matéria em voz alta, enquanto ela a lia na tela.

— Ele pirou — eu disse. — Finalmente perdeu o juízo.

Houvera sinais de que aquilo aconteceria. "Eu tenho um plano", Clark me dissera uma noite. Na sequência, descreveu para mim um projeto abominável que, segundo ele, outro pai divorciado tinha concordado em financiar. Quis saber se eu toparia me associar a ele. O esquema envolvia construir instalações particulares fora do país, talvez nas Filipinas ou no Peru, nas quais americanos pudessem engravidar jovens locais dispostas a vender seu direito legal a um eventual filho.

— Assim, não vamos mais precisar dessas mulheres idiotas — ele disse. — Os pais serão os únicos detentores do direito de propriedade dos filhos.

— Essa ideia é sua? Direito de propriedade?
— É perfeitamente factível e resolve o problema. As mulheres que querem ser mães sem os homens podem recorrer à doação de esperma. Por que os homens não haveriam de ter alternativa semelhante? É um argumento e tanto.

Mas um argumento era tudo o que ele tinha. Às vezes, ele era assim: uma criatura de um raciocínio perfeito cujas conclusões, no entanto, eram insanas. Aquele seu programa odioso de procriação não apenas tornava as mulheres dispensáveis, meras chocadeiras, como partia do pressuposto de que as crianças eram intercambiáveis. Acreditei que ele sentia falta de sua Snooks? Não. Aquilo de que ele sentia falta, percebi depois, era de ser pai, e, para ele, ser pai era ter o controle. Controle exclusivo, se ele conseguisse obtê-lo. Em outra ocasião, outro telefonema, ele havia me dito que a Argentina (ou era o Chile?) oferecia um porto seguro para pais norte-americanos que fugiam para lá com seus filhos.

Talvez Clark tivesse ido para a América do Sul. Pensei em ligar para o FBI, mas resolvi esperar mais um dia. Claro que ele iria aparecer. Afinal, como era que um Rockefeller podia esperar desaparecer no anonimato, e por que haveria de querer fazê-lo, ainda mais no Chile? Ele se arrependeria do erro cometido, contrataria um advogado de ponta, negociaria sua liberdade e se reabilitaria publicamente. Mostraria humildade. Escolheria alguma causa na qual se engajar.

Na manhã seguinte, li que a caçada se intensificara. Li também que os Rockefeller, por meio de um daqueles "porta-vozes da família" que altos clãs sempre têm à disposição, negavam que Clark fosse um deles. Que gente mais covarde era aquela, pensei, abandonando sangue de seu sangue só para evitar escândalo.

— Isso é nojento. É papo furado — eu disse a minha namorada.

Ela fez que sim com a cabeça, em aparente solidariedade, e

depois pediu licença, porque tinha um trabalho a fazer. Eu liguei a TV no noticiário e telefonei para minha mãe.

— Você está vendo isso? — perguntei. — Soube da notícia?

— Parece que seu amigo era um impostor, Walt.

— Estão armando alguma coisa — eu disse. — A família é grande. Tem muitos ramos. Vai ver ele é uma das ovelhas negras ou coisa do tipo.

— Isso é tolice.

— Talvez seja filho ilegítimo.

— Ah, meu querido...

Poucas horas mais tarde, um nome alemão apareceu. Eu me enfiei no escritório com meu computador e disse a minha namorada que fosse almoçar sozinha, enquanto eu lia cada notícia que conseguia encontrar. Quanto à origem de Clark, todos concordavam — a mãe alemã e o irmão estavam dando entrevistas; ainda assim, a história não fazia sentido. Por outro lado, em se tratando de Clark, nada jamais fizera sentido, tudo sempre tinha sido aquela loucura. Na verdade, eu sempre o vira como uma impostura, mas só porque todos aqueles do seu tipo eram impostores, em especial os que agiam normalmente, aqueles que as pessoas gostavam de dizer que tinham "os pés no chão". A impostura extravagante e acentuada de Clark demonstrava sua honestidade, eu sentia. Chão? Ele não tinha uso nenhum para isso. Nem eu teria, se tivesse nascido com asas.

Que vítima perfeita eu havia sido. Sempre racionalizando, justificando, imaginando. Empenhara-me tanto em ser enganado por Clark quanto ele em me enganar. Não era uma vítima, e sim um colaborador. Eu tinha sido ensinado quando jovem — e aprendera por conta própria ao crescer — que o logro cria uma reação em cadeia: são necessárias duas mentiras para proteger a primeira, e assim por diante. Agora, aprendia algo diferente: que *ser enganado* e não querer admitir também era algo que podia proliferar até uma espécie de loucura. Depois disso, as revelações se sucederam com rapidez, mas nenhuma delas me surpreendeu tanto quanto as primeiras. Os relatos sobre o papel que, suspeitava-se, Clark havia desempenhado em um assassinato de duas décadas antes não chegaram a me perturbar porque, àquela altura, eu já não esperava outra coisa dele. Minha namorada, que morava em Nova York a maior parte do tempo, voltou para lá, afastou-se de Montana durante aquele interlúdio. Meus filhos vinham me visitar nos fins de semana, de quinze em quinze dias, porém minha cabeça estava longe.

Liguei para minha mãe, a fim de me desculpar. Ela sempre estivera certa quanto a Clark, e seu filho tinha sido um idiota. Tudo o que importava para ela era que a filha de Clark havia sido encontrada sã e salva.

— Estou curiosa para saber se ele matou aquelas pessoas — ela disse.

— Claro que matou.

— Você alguma vez chegou a suspeitar de algo assim?

Se suspeitei? Eu havia me formado em inglês, portanto aprendera o conceito de "suspensão da descrença", mas, no caso de Clark, a *contribuição* que se dava às histórias que ele contava era a crença, transferida da conta pessoal para a conta conjunta que se mantinha com ele. Ele mostrava uma árvore oca, e você acrescentava as abelhas; ele lhe passava o telefone do presidente, e você adicionava a voz que atenderia do outro lado da linha e os rostos dos agentes do Serviço Secreto que surgiriam na sua porta, alguns dias mais tarde; ele lhe dava um envelope com um cheque, e você preenchia a quantia.

Matérias estavam sendo escritas para revistas, e os amigos da imprensa ligavam em busca de episódios curiosos. Eu falava pouco e off-the-record, ainda constrangido por vestígios de lealdade. A gente não ouve que alguém que conhecemos há anos é mau e, de pronto, passa a falar mal dessa pessoa. Parece uma atitude oportunista e degradante, uma quebra de confiança cometida contra o próprio conceito de confiança. Somos ensinados a confiar e, de outro modo, mal funcionaríamos. O policial que nos para e aplica uma multa há de ser um policial, porque veste uniforme. O caixa do banco a quem entregamos nosso salário vai depositá-lo, e não roubá-lo, porque ele trabalha atrás de um balcão de mármore. A enfermeira que nos põe nos braços o bebê recém-nascido é, de fato, uma enfermeira, porque está segurando nosso bebê, e a criança é nosso bebê porque ela a está segurando. Mesmo que se abuse da confiança, ela permanece necessária.

Pois, por aquela época, a confiança ruía por toda parte. Em agosto e setembro de 2008, o Lehman Brothers, o fundo de investimentos de Bernie Madoff, o mercado de hipotecas e seus belos derivativos haviam, todos eles, se revelado uma espécie de Clark Rockefeller escrito em letras garrafais. E quem eram os Lehman Brothers, afinal? Nada além de um papel timbrado. O que eram aqueles títulos garantidos por hipotecas, aqueles instrumentos infames da insolvência em massa? Lembravam a velha piada do homem que pergunta o que segura o mundo e ouve como resposta que o mundo repousa sobre o dorso enorme de um elefante. E o que segura o elefante? Outro elefante. E o outro elefante? Mais elefantes, um monte deles. Não admira que, quando em apuros, Clark buscou camuflagem em Wall Street. Sozinho, um trapaceiro não passa de um escroque, mas, quando cercado de milhares de outros trapaceiros, é um ás da corretagem.

Levou vários meses para que meu vínculo com Clark se dissolvesse, contudo, quando isso enfim aconteceu, decidi escrever sobre ele. Lembro-me do dia exato em que tomei essa decisão. Estava sentado no mesmo escritório e à mesma mesa à qual combinara a entrega de Shelby. Tinha uma nova namorada, Amanda, uma escritora de Nova York que voltara comigo para Livingston, depois de um inverno de namoro na Califórnia que me fez sentir saudade das crianças. No corredor, Charlie praticava lances livres numa cesta que eu tinha montado acima do vão de uma porta. Maisie ouvia no último seu aparelho de som portátil da Hello Kitty e fingia ler *Tom Sawyer*, ideia minha, quando, na verdade, estava lendo uma saga adolescente de vampiros, ideia da cultura popular. Amanda tentava cochilar com protetores auriculares enfiados nas orelhas; descansava depois de termos nos divertido em Saint Louis, onde estavam filmando um de meus romances. Havíamos até circulado com George Clooney e seu charme assustador, além de termos sido convidados para subir a seu quarto de hotel, convite que recusei por nós dois, tanto em nome da continuidade de nosso relacionamento como da preservação de minha tênue sobriedade. Sobre minha mesa repousava um novo bloco de notas de folhas brancas, a primeira das quais exibia um título otimista: "Projetos". Escrever para revistas, que era minha principal fonte de renda, era algo que estava se dissolvendo rapidamente no banho de ácido on-line dos conteúdos não remunerados. Eu precisava de uma ideia para um livro.

Peço desculpas, Clark, mas você pediu, meu velho. Sabia quem eu era e, lá no fundo, eu também sabia quem você era, ainda que eu tenha me feito de bobo por um tempo — e tão bobo que nem percebi que estava representando, o que, em retrospecto, foi uma estratégia bem astuciosa. Você era material do bom. Surpresa! Dê uma olhada na sua carteira: está vazia. Agora, olhe na minha.

O testemunho de Sandra Boss durou o dia inteiro e, antes que a defesa pudesse interrogá-la, o tempo se esgotou. No meio do caminho, minha filha perdera o interesse no julgamento e começou a olhar para o celular desligado, ansiosa para retomar sua vida social on-line. Aquela sua falta de concentração me decepcionou, mas a culpa não era dela, e sim da modernidade. O centro não apenas não sustentara: também tinha deixado de existir como ideia viável, e mesmo como lembrança. Saímos correndo para escapar do trânsito no centro da cidade e subimos na direção do Valley, onde ficava o hotel em que Charlie e Maggie estavam hospedados. Maggie se casara de novo havia alguns meses. O novo marido era técnico de som do cantor pop John Mayer, que Maisie iria ver naquela noite, num grande jantar. Papai oferece um julgamento, mamãe, rock and roll; mamãe ganha por um ponto, ou vários, talvez. Tudo bem. Era a vida alternando desprazer e aceitação, imperfeição e compromisso. Clark rejeitara esse ciclo, tendia ao absolutismo. Perseguira outra coisa: triunfo. Teria mais uma noite de sopa salgada, purê de batata e pão. Eu tinha ouvido que a prisão não o incomodava, que até lhe convinha.

— E aí, o que você achou? — perguntei a minha filha.

Já podia ver o hotel à nossa frente, com suas palmeiras iluminadas e a fila de carros alemães e conversíveis aguardando manobrista. O julgamento estava previsto para terminar em alguns dias, quando, então, eu precisaria me sentar, escrever e, provavelmente, encontrar um jeito de falar com Clark, mais ainda se ele acabasse em local seguro, isto é, na cadeia. Passaria semanas sem ver meus filhos.

— É engraçado como se parece com o que a gente vê na TV — ela disse. — É um pouco mais chato de assistir, mas essa é a única diferença. Eu acho que ele escapa. As provas são muito circunstanciais.

Maisie tirou o último elástico dos cabelos e os chacoalhou, macios, lisos, compridos, preparando-se para o jantar com o astro de rock. Depois, perguntou-me:

— Você gostava dele, pai?

Pensei um pouco antes de responder. Uma criança merece

que façamos isso. Crianças pensam em tudo, o mundo é novo para elas, e o esforço que fazem merece ser recompensado.

— Gostava, sim — eu disse.

— Por quê?

— Porque ele era inteligente. Gosto de pessoas inteligentes. Além disso, tem um jeito meio hipnótico de falar. É uma coisa que leva você junto, seduz, atrai.

— Teve sorte de ele não matar você também — ela concluiu.

Depois, inclinou-se e me beijou no rosto, quase sem tocá-lo. Era seu hábito nos últimos tempos: nada de contato, só o gesto. Em seguida, desceu do carro e caminhou na direção do hotel. Maggie e Charlie a esperavam. Acenaram. Talvez estivessem acenando para Maisie, mas acenei de volta assim mesmo. Não acredito que tenham notado. Estavam muito longe.

13.

Todo mundo entende por que é que não conseguimos prever o futuro, mas, quando se fica conhecendo melhor um velho amigo, ainda que da maneira mais perversa — em seu julgamento por assassinato —, revela-se uma verdade não tão reconhecida: tampouco somos capazes de prever o passado. Ele pode mudar a qualquer momento. Quando Balian convocava suas últimas testemunhas, e os jornalistas apostavam que os jurados não chegariam ao necessário consenso, ocorreu-me que tinha havido uma bifurcação no caminho da minha vida. Quando novas informações desautorizam percepções passadas, as lembranças subjacentes persistem, mas já não sustentam suas antigas posições. É-se, então, obrigado a desenhar um novo mapa, dessa vez com as referências deslocadas. Você achou que sabia onde estava, porém percebe que estava perdido. Um dia, pode vir a descobrir que, agora sim, é que está perdido.

Essa ideia angustiante cristalizou-se em mim quando um dos antigos vizinhos de Clark em New Hampshire, um fazendeiro chamado Christopher Kuzma, repetiu em seu testemunho uma série de histórias que Clark havia lhe contado e que eu havia engolido tão prontamente quanto ele. A história do laboratório de propulsão a jato no Canadá, cuja existência Clark buscou tornar crível dando a Kuzma uma braçadeira de uma missão do ônibus espacial e enviando-lhe e-mails com fotos de um satélite. A história do mel silvestre. A história dos contatos influentes de que ele dispunha no governo britânico. Mas a melhor história de Kuzma era novidade para mim. Numa viagem a Nova York, enquanto visitava o Museu de Arte Moderna, Clark pegou seu celular diante de Kuzma e ordenou que o museu lhe devolvesse diversos quadros multimilionários que, supostamente, ele emprestara à instituição. Um deles talvez fosse um Rothko, Kuzma não tinha certeza.

Balian concluiu com uma pergunta cujo objetivo era mostrar que Clark escondera de Kuzma suas ligações com a Califórnia:

— Ele alguma vez mencionou nomes de outras cidades nos Estados Unidos com as quais possuía algum vínculo?

— Ahnn, em algum momento falou em Montana...

Minha boca secou, efeito da adrenalina. Eu tinha ouvido aqui e ali que Clark às vezes falava de uma fazenda que possuía em algum lugar. Segundo uma das fontes, no Wyoming, perto de umas terras pertencentes a Dick Cheney (que, segundo Clark, havia lhe pedido para desposar a própria filha e ficara abatido quando, em vez disso, ele se casou com Sandy). Essa mesma fonte contou que Clark dispunha de bom conhecimento sobre o funcionamento da tal fazenda: estava informado sobre o maquinário necessário e sobre métodos de irrigação. Eu tinha certeza de que aquele conhecimento provinha de mim. Entre as pouquíssimas perguntas que ele algum dia me fizera, várias tinham sido sobre agricultura. Uma delas, eu me lembrava, havia sido bastante específica:

— Você falou de um veículo utilitário que usa para transportar ferramentas e suprimentos. Como se chamava mesmo?

— Gator — respondi.

— E quem fabrica?
— John Deere.
— Gator, John Deere. Excelente. Vou comprar um amanhã, Walter, para minha propriedade em Cornish. Ele entra na água?
— Acima dos eixos? Não entendi bem a pergunta.
— É um veículo anfíbio?
— Não, você está falando de outra coisa, que acho que se chama "Duck".
— Duck, muito bem. Vou comprar um desse também.

O homem era um carrapato de cérebro. Rastejava pelos cabelos e se alimentava da vida dos outros por um furo no crânio. Montana. Se algum dia ele tivesse aparecido por lá, sua primeira atitude — é o que sua ficha indicava — teria sido pedir para ser chamado por outro nome. Segurança. Privacidade. Você compreende, Walter. O novo nome teria um quê de Velho Oeste, de fogueira de acampamento, além do aroma de quem foi criado no Leste. Buck Vanderbilt? Slim Whitney? Talvez ele surgisse na pele de um Bush, um Bush perdido, despachado pelos irmãos mais velhos do Texas por ter posto fogo em sua escola particular ou atropelado uma criança no centro de Houston. Buddy Bush. Buffalo Bush.

As perguntas de Bailey a Kuzma seguiram a mesma abordagem mordaz, sardônica, preestabelecida e que parecia funcionar mal com os jurados. Ela consistia em zombar da testemunha por ela haver tolerado a bajulação de Clark, o que significava dizer que a própria testemunha se achava mais do que era. Kuzma alguma vez tinha visto o jato particular que Clark dizia ter à disposição? Não. Clark mencionara Kevin Costner? Sim.

— E, perdoe-me a crueza — acrescentou Bailey, que já se perdoara por aquilo fazia muito tempo —, mas, em algum nível, o senhor há de ter achado que era tudo papo furado, certo?

— Não.

Essa resposta me convenceu da honestidade de Kuzma, tanto quanto aquela, desprovida de malícia, que se seguiu a outra pergunta de Bailey, acerca do motivo pelo qual ele "mantinha relações" com o réu.

— Porque ele era divertido — disse Kuzma.

Eu teria respondido da mesma forma. Clark nos distraía, e agora sabíamos por que ele o fazia: porque havia alguma coisa da qual ele queria nos distrair, isto é, uma cova marcada com um X em nossos novos mapas.

Vertigem. Aquela sensação de estar caindo quando se está de pé, a ilusão de ainda estar de pé quando se está caindo. A referência cinematográfica relevante era *Um corpo que cai*, sobre um homem que se apaixona por uma mulher que não existe. Eu a senti da forma mais aguda no dia do testemunho de Kuzma porque poderia ter sido eu ali, testemunhando, contando algumas daquelas histórias e lembrando o combativo Bailey, tão literal, que certo ou errado não são categorias evidentes, quando se trata da vida fora do tribunal. Mais evidentes são o que tem vida e o que é insosso, o que excita e o que cansa, o que é intrigante e o que é tedioso. Não admira que a imprensa apostasse que o júri não chegaria a um consenso. Não eram apenas as provas que eram circunstanciais: o réu também era. Clark era a soma das histórias que ele contara e das reações que elas haviam produzido. Para ser um assassino, é necessário, antes, ser uma pessoa; no caso de Clark, todavia, além do passaporte alemão que a polícia tivera a sorte de encontrar, não havia prova contundente de que ele o era.

Olhei para os jurados, sentados muito sóbrios em seus lugares. Logo, eles seriam chamados a julgar alguém que o resto de nós deixara passar, preocupados que estávamos com nossa diversão, e não com sua veracidade. Vestiam as máscaras sérias do dever cívico, mas, depois de tudo o que tinham ouvido ao longo das semanas anteriores — as aventuras de um baronete de filme *noir*, como ser bem-sucedido nos negócios sem existir de fato, a história do marido extraterrestre vivendo no campo —, meu palpite era que também eles achavam Clark divertido.

14.

Na noite seguinte àquela em que Balian fez suas considerações finais — uma apaixonada reprise das iniciais, proferidas em grande parte de trás da cadeira onde estava Clark e culminando numa potente nota de desprezo sarcástico, aparentemente suprimida por um longo tempo ("Sim, eu disse que ele é um mestre da manipulação. Nunca disse que era um mestre do assassinato") —, aluguei um filme que estava pretendendo ver e que Clark talvez tivesse visto em uma de suas aulas. Seu título é *O sol por testemunha*, ou, no original francês, *Plein soleil*. Rodado em 1960, um ano antes de Christian Gerhartsreiter nascer, foi a primeira adaptação cinematográfica de *O talentoso Ripley*, romance de Patricia Highsmith.

Alain Delon interpreta o alpinista social multiforme. Ele esfaqueia o rico Philippe Greenleaf (no romance, Dickie) enquanto ambos velejam pelo Mediterrâneo, joga o corpo no mar e passa, então, a personificá-lo. O crime, ele o esconde forjando a assinatura da vítima em algumas cartas datilografadas na máquina de escrever do falecido. Ripley as envia, com carimbo postal italiano, para a família de Greenleaf. (Os postais supostamente escritos por

Linda Sohus e enviados de Paris, depois do desaparecimento dela, pareciam uma homenagem de Clark ao plano de Ripley.) Seguem-se muitas outras manobras e subterfúgios, incluindo o assassinato do bisbilhoteiro colega de faculdade de Greenleaf. Mas, justamente quando Ripley pensa que se safou, o corpo aparece de maneira esdrúxula, preso ao cabo da âncora do veleiro. É o fim da linha. O livro de Patricia Highsmith, contudo, não termina assim. No romance, Ripley escapa. Reaparece, depois, em uma sequência intitulada *Ripley subterrâneo*, casado com uma mulher de posses e envolvido num esquema de falsificação de quadros de um pintor que havia se suicidado.

Algumas pessoas matam por amor, outras, por dinheiro; mas eu estava cada vez mais convencido de que Clark havia matado pela literatura. Para ser parte dela, viver nela, testá-la da maneira mais direta possível. Esse não era um motivo que a maioria do júri acharia inteligível, e, quando certo dia experimentei essa teoria com Balian, caminhando a seu lado pelo corredor enquanto ele empurrava seu carrinho repleto da papelada dos autos em direção ao elevador, ele não esboçou nem um lampejo de anuência, menos ainda de entendimento. Eu compreendi. Ele estava atrás de uma condenação, e não de uma epifania ou exegese literária.

Eu, contudo, havia tido uma epifania: Clark era uma fraude até mesmo como impostor. Ele jamais tivera uma ideia própria. Não partira dele o modo como falava ou se vestia; ele não escolhera o seriado de ficção científica que seria objeto de sua obsessão nem tinha ideia de como ocultar um assassinato. Era, todo ele, cópia. No programa de TV *Today*, o "apaixonado por peruas" falara de uma antiga perua Ford "com revestimento de madeira na carroceria" e "faróis embutidos" na qual, ainda criança, tinha viajado de férias até o monte Rushmore e outros lugares que jamais visitara, mas dos quais afirmava ter lembrança mais vívida que de seu próprio nome. Depois que o vídeo da entrevista foi exibido no tribunal,

Ellen Sohus, irmã de John, me contou que Clark estava, na verdade, descrevendo uma perua antiga, um modelo muito particular que a família dela utilizava quando viajava a passeio. Quanto aos dois programas de televisão nos quais ele se gabava de haver tido participação — a versão dos anos 1980 de *Alfred Hitchcock apresenta* e *Jornada nas estrelas: A nova geração* —, um era quase uma refilmagem de baixa qualidade e o outro, uma sequência (que tinha como uma de suas inovações o "Holodeck", o gerador de realidades virtuais complexas da nave *Entreprise*). Até mesmo "Snooks", o apelido carinhoso de sua filha, Clark tomara emprestado: roubara-o da filha de um casal que conhecera em Connecticut.

Ele imitava os outros, se apropriava das coisas e misturava tudo, desde o corte de cabelo dos Chandler até a fazenda igual à minha, passando pelos traços da cultura branca, anglo-saxã e protestante que, tenho certeza, ele coletou da leitura superficial de um best-seller lançado poucos meses depois de sua chegada aos Estados Unidos: *The official preppy handbook*, um "guia básico de tradição, atitudes, maneirismos, códigos de vestimenta" ou de como ser "chique". A capa do livro, repleta de dicas, era sua "cola", pelo menos no tocante à coleção de calçados e camisas. "Os elementos cruciais: sapatos *top-siders*, mocassins, borlas. Abotoaduras são fundamentais. A controvérsia em relação às meias [...]. As virtudes do rosa e do verde." O livro foi comercializado como obra de humor, mas Clark, imune a toda ironia — em retrospecto, noto que essa era a chave para o diagnóstico que me passou despercebida —, nunca entendeu a piada. O que, de resto, acabou por não se revelar um problema, já que ele passou a circular entre os próprios alvos arrogantes da piada: a alta burguesia norte-americana, que nada mais era do que imitação desesperada da nobreza britânica, isto é, de uma classe de guerreiros adornada dos espólios de suas conquistas. E a última dessas conquistas havia sido, claro, a Alemanha (com a ajuda dos aliados ianques).

Debaixo de toda essa farsa, a vergonha. A Alemanha havia perdido a guerra. Clark, contudo, gostava de estar do lado dos vencedores. Só existe uma única capela nos Estados Unidos, ou no mundo todo, em que o general George Patton é reproduzido num vitral: de pé na torre de um tanque, ele está rodeado dos nomes das cidades alemãs conquistadas. Pois foi essa capela que Clark optou por frequentar em San Marino, enquanto usava o sobrenome de um marinheiro inglês herói da Segunda Guerra Mundial.

"Lebensraum." A palavra a que Clark não conseguiu resistir, ainda que sob o risco de que ela o denunciasse. Significa espaço para se expandir e, assim, poder manifestar o próprio destino. Hitler buscou esse espaço, mas não logrou obtê-lo. Clark, o imitador, retomou a campanha em escala menor e obteve sucesso nos Estados Unidos. Em pouco tempo, agia como se fosse o dono do lugar. Aprendeu que ele reagia bem a donos. Clubes vedados à maioria de nós alojavam seu guarda-chuva molhado e contavam as pedras de gelo em sua bebida. Restaurantes em arranha-céus lhe reservavam mesas com vistas radiantes, titânicas e abismais. A arte norte-americana do pós-guerra pendia de suas paredes, confiante e colossal. Seu sobrenome significava: "Não faça perguntas, saia da frente". Um esforço e tanto, uma operação e tanto.

O problema é que tudo isso foi feito sob sigilo, com gestos emprestados, numa língua emprestada e com figuras de linguagem emprestadas. Ou seja, a despeito de suas aparições, Clark jamais emergiu de fato. A não ser por algum Lebensraum aqui e ali, seu verdadeiro eu nunca ultrapassou o nível da superfície. Depois de mergulhar na personagem que havia começado a preparar para si nos Savio, ele só podia avançar para baixo, afundando ainda mais na ocultação de si mesmo e na imitação. Mas um grau mais profundo de ocultação demandava segredos mais recônditos. Ele saiu em busca de alguns e, era inevitável, encontrou o mais recôndito de todos e, para certo tipo de mente — a dele —, o mais prestigioso também: o assassinato.

Onde, porém, tomar emprestado um plano para tanto? De livros e filmes, que é de onde ele tirava boa parte das coisas. E onde poderia encontrar vítimas emprestadas?

Na casa vizinha, da qual, mais tarde, ele tomaria emprestado também o chá gelado para seu festival noturno de Trivial Pursuit. Eram duas da manhã quando o filme terminou. Eu precisava estar no tribunal às nove, o que significava sair de casa às sete. O júri poderia retornar a qualquer momento, e as portentosas considerações finais da promotoria haviam mudado a tendência das apostas entre os que assistiam ao julgamento, convencendo-os de que a condenação era iminente.

— Ele vem se safando há 28 anos — Balian dissera aos jurados, cujos rostos exibiam um aspecto sombrio e determinado. — Pensa que é mais esperto que todo mundo. Os senhores se lembram do que ele disse a Ed Savio quando foi votar? Savio perguntou: "Mas como foi que você votou? Você não pode votar". E o que ele [Clark] disse então? "As pessoas são tão burras." Ele acha que as pessoas são muito burras.

E fomos de fato. O julgamento tinha provado que Clark estava certo, pelo menos em relação àqueles que o conheciam melhor: banqueiros, corretores, profissionais detentores de títulos universitários e vários escritores com livros publicados, eu inclusive. Estava deitado na cama ao lado do "Ripley", ainda aberto, e do computador no qual assistira ao filme. Clark, um ser que era um composto de tinta e celuloide, agora inteiramente transparente para mim, tinha se revestido da matéria de minhas próprias leituras. A familiaridade instantânea que eu sentira em relação a ele — com esse imigrante consumado, um imigrante determinado — era minha familiaridade com minha própria cultura. Ele me enganara, é certo. E é claro que me enfeitiçara. Falava de dentro da minha mente norte-americana.

* * *

No limbo sem janelas do corredor do nono andar, esperando um veredicto que podia levar dias, eu comia um pacote de salgadinhos e conversava à toa com Frank Girardot, enquanto os advogados de Clark andavam de um lado para outro com seus celulares, ignorando-se mutuamente e parecendo zangados, como se já tivessem concluído que o caso estava perdido e trocado amargas recriminações. Ao longo do julgamento, eu ficara conhecendo um pouco deles. Denner era o estrategista sereno e reservado, circunspecto e impassível na sala do tribunal, mas transbordante de alegre adulação no corredor; ali, ele me lembrou de que havia estudado em Yale e caçoou de mim — rá, rá, rá — por eu ter feito Princeton. Os insultos baseavam-se em estereótipos antiquíssimos, que eu julgava extintos havia pelo menos meio século, mas que aparentemente sobreviviam na Nova Inglaterra de Denner, o rarefeito paraíso dos esnobes que Clark caricaturara e, por fim, humilhara. Senti que defender aquele réu constituía um embaraço para Denner, que, corria o boato, havia pressionado para que a defesa alegasse insanidade mental. Eu duvidava que uma derrota o incomodaria, porém suspeitava que seria devastadora para seu colega. Bailey, o advogado de queixo protuberante e das muitas rimas, literalmente trocara de cor no decorrer do julgamento, fazendo-se cada dia mais vermelho. Seu ritual "bom-dia" aos jurados recebia agora como resposta um sorrisinho de desdém que parecia de uma unanimidade nefasta. Os membros do júri nunca demonstraram algum interesse visível nas insinuações de Bailey com relação a Linda, a fã supostamente perigosa de Dungeons and Dragons.

O aviso à imprensa de que o júri havia chegado a um veredicto e se pronunciaria em uma hora chegou a mim por intermédio de um telefonema de Girardot, enquanto eu comia numa banquinha de tacos na avenida Cesar Chavez, a poucos quilômetros do tribunal. As pessoas à minha volta, trabalhadores em horário de almoço, lembravam-me os dois jurados latinos que eu observara com atenção durante o julgamento: o sujeito grandão de chapéu e óculos escuros e outro, mais jovem, mas igualmente corpulento e musculoso, sentado a seu lado, que lhe fazia perguntas de vez em quando e dava a impressão de estar sob sua influência. Supus que o voto de ambos seria o mesmo e, até pouco tempo antes — depois de, em minha inexperiência, categorizá-los como hostis ao poder estabelecido —, imaginava que fossem votar pela absolvição. Então, havia poucos dias, alguma coisa mudara em mim. Vi o homem de óculos escuros, mascando chiclete como sempre, apontar seus olhos escudados na direção de Clark, que fazia seu número de coinvestigador — o Sherlock acusado por acidente —, e encará-lo por cinco, dez, quinze segundos. Clark não olhou para ele, ocupado que estava tomando notas e fingindo organizar e analisar as pistas. Dois mundos se encontravam, contudo um deles não se deu conta disso — o mundo para o qual o sujeito de óculos escuros jamais existira, a não ser como força anônima de trabalho. Soube naquele momento o que iria acontecer e contei a Girardot, que entendia sua cidade melhor que eu e não ficou convencido de que minha conclusão era correta.

O réu entrou na sala do tribunal, sentou-se, cruzou os tornozelos sem meias, endireitou os ombros estreitos e, de forma agradável, polida, encarou o juiz com um leve sorriso descendente, no qual detectei tímida confiança; para as câmeras, os lábios subitamente formariam uma curva ascendente no momento da absolvição, dando origem a alguns fascinantes segundos em vídeo. Denner recostou-se em sua cadeira e dirigiu o olhar para algum objeto abstrato e invisível que flutuava entre ele e a estenógrafa, ao passo que Bailey passou um braço pelos ombros de seu cliente, a quem, de acordo com um frequentador ocioso do tribunal, ele certa vez chamara no corredor de "nosso idiota da Baviera".

Desfechos. Esperamos ansiosamente por eles, especulando, antevendo-os, mas, conforme eles se aproximam, sua mágica se turva: é só mais um acontecimento no interior de uma sala, o termostato ajustado para certa temperatura, as luzes para certo grau de luminosidade e, nas salas vizinhas, pessoas que pouco se importam, preocupadas com as próprias vidas. Senti pena de Clark quando o veredicto foi lido em voz alta, e o tempo não desacelerou nem deu nenhuma guinada: prosseguiu apenas em seu gotejar. Ele moldara para si uma vida de movimentos cinematográficos, de rostos assustados de vítimas, de fugas estressantes, de enluvadas boas-vindas a salões espetaculares, de telefones que tocam e não devem ser atendidos. Uma vez, algumas semanas após o assassinato, um policial tocou a campainha do quarto de hóspedes, talvez antes mesmo de terminada a limpeza do sangue. Situação difícil, não havia tempo para pensar. Clark, no entanto, se superou. Atendeu à porta nu, nu em pelo, declarando-se nudista quando solicitado a se vestir, como se sua resistência fosse motivada por crença religiosa. Desconcertado, o policial se despediu, dizendo que voltaria mais tarde. Clark fechou a porta e retomou a forma que assumia atrás de portas fechadas. Transições caprichadas entre uma cena e outra. O controle sobre o corte final era dele. Mas aí o estúdio tomou-lhe o filme.
— Culpado.
Clark balançou a cabeça de um lado para outro.
Levaram-no embora. Ellen Sohus, sentada na fileira a meu lado, logo após o corredor, levantou-se da cadeira e afrouxou o perímetro estrito e inviolável de reflexão e tormento que a circundava para receber parabéns e condolências de repórteres, advogados, funcionários do tribunal e também de estranhos. Balian saiu correndo para uma entrevista coletiva; movia-se com elegância e orgulho inconscientes, como se tivesse trocado de alma com um pônei branco.

Os jurados saíram por sua porta privativa, de volta para sua sala fechada. Mais tarde, naquele mesmo dia, em conversa com alguns deles, eu ficaria sabendo que tinham tomado sua decisão com facilidade; as sacolas de plástico das livrarias envolvendo o crânio da vítima haviam resolvido a questão para eles. Uma senhora de meia-idade, que estudara Clark ao longo do julgamento, observou-o falando consigo mesmo e pensou: "Ele tem algum problema mental". O homem de bigode e óculos de sol, motorista de caminhão, zombou do truque dos postais parisienses e de todo o repertório de Clark, sugerindo já ter visto aquilo antes, ou pelo menos alguma versão daquilo tudo, não apenas pelas estradas como também na própria vizinhança.

— A gente encontra tipos assim por aí. Não é tão estranho — disse. — Ser rico deve ser legal, não tenho como saber. Mas isso não torna você mais esperto.

Sentir-se esperto à custa de Clark — um tipo de satisfação que poucos haviam experimentado — era a emoção do momento. Uma vez degustada, as pessoas começaram a ir embora. A família improvisada que se constituíra para o julgamento estava se desfazendo. Os repórteres do *LA Times* atravessaram a praça em direção à enorme sede do jornal no centro da cidade, um edifício pelo qual eu passara uma dúzia de vezes naquele mês sem jamais ter visto alguém entrar nele ou sair dali. O dedicadíssimo Balian, por quem minha filha se derretera no tribunal e a quem eu esperava ver em breve em algum alto posto da administração municipal, partiu em direção ao jogo de beisebol do filho. Denner envolveu Ellen Sohus num abraço difícil de analisar, mas de um sentimento que parecia genuíno, segurando sua maleta no alto das costas dela. Eu me despedi de uma produtora de TV alemã que estava grávida e com o parto previsto para o dia seguinte. Ainda não queria ir embora. Sentia-me como um grande beberrão que, estando os bares já fechados, precisa ainda de duas ou três cervejas para ficar bêbado. Alguma formalidade gigantesca havia sido concluída, porém apenas para Clark, não para mim. Além disso, o ar estava impregnado da chamada *Schadenfreude* — a alegria pela desgraça alheia —, repleto de resíduos cármicos pegajosos. Mencionei isso a Girardot enquanto saíamos: que eu me sentia como se tivesse acabado de sentir prazer ao assistir a um apedrejamento. Será que podíamos ir comer alguma coisa e conversar um pouco? Ele não podia, estava muito ocupado. Tinha acabado de pôr a gravata para gravar uma entrevista rápida para um programa matinal de TV. Os técnicos e o entrevistador já aguardavam ali ao lado, impacientes para começar a gravação.

— Por que você não faz uma visita a ele? — perguntou.

Aquilo me surpreendeu. Não entendi. Clark não podia receber visitas fazia muito tempo. Denner fora inflexível: nada de imprensa, nada de amigos. Eu havia solicitado uma visita um ano antes e, de novo, um mês antes, a uma semana do julgamento. Nem pensar.

— Já condenaram o cara — disse Girardot. — Agora é diferente. Ninguém se importa, acredite em mim. Ele está sozinho. Além disso, ouvi dizer que vai demitir os advogados. Não custa tentar.

Respondi a Girardot que ligaria para ele ainda naquela semana, talvez no dia seguinte, se ele estivesse livre, para discutirmos o assunto. Ele deu um sorrisinho. No lugar de onde ele vinha, repórteres não discutiam o assunto. Agiam, mergulhavam nele.

— É tudo o que você tem de fazer — disse-me.

E ao ouvir aquilo eu soube — interiormente e com tristeza, mas também com a estranha euforia de quem sacrifica o orgulho pela clareza — que não tinha aprendido nada de valor durante o julgamento. Eu continuava a ser um risco para mim mesmo, deixando-me tão prontamente intrigar e levar como sempre acontecera. Girardot completou:

— Faça um pedido pela internet. É só procurar no Google: Prisão Central Masculina, Departamento de Correções. Eles têm um site. Aposto que, se quiser, você consegue falar com ele ainda neste fim de semana. Pode marcar agora mesmo, pelo celular. É tudo on-line.

15.

Na fila, do lado de fora da prisão, não havia muitos homens; havia, sim, muitas mulheres ainda jovens, a maioria delas com crianças, um bom número com crianças de colo. Queria dizer a elas que fugissem, e rápido, lembrá-las de que avançar em direção ao perigo era perverso. Os homens que elas tinham ido ver não valiam a pena, em especial namorados e maridos. Era melhor abandoná-los enquanto podiam, senti vontade de dizer. Mas o que sabia eu? Minha ida até ali naquele domingo de manhã não se repetiria e era inteiramente voluntária e experimental. Para minha surpresa, constatei que estava malvestido para a ocasião. Talvez muitas daquelas mulheres estivessem vindo da igreja, ou talvez estivessem a caminho de lá. O fato é que vestiam sua melhor roupa. Eu estava de camiseta. Achei que aquilo me ajudaria a me misturar à paisagem. Não estava raciocinando direito. Se você é um homem livre em visita a uma prisão, não há como se misturar à paisagem, e, seja como for, ninguém vai olhar para você.

De início, o encontro foi algo desajeitado. Fazia anos que eu não via Clark frente a frente, e ali estava ele, em exposição, enquadrado por uma janela de vidro ou plástico, sentado numa longa fileira de homens vestindo uniformes azuis idênticos que lhes davam o aspecto de atendentes de hospital. Os pesados e antiquados telefones bege de plástico que possibilitavam a conversa através do vidro só foram ligados depois de poucos minutos, obrigando-nos a pronunciar cumprimentos inaudíveis enquanto nos olhávamos tão de perto que pude discernir pequenas manchas claras salpicadas na íris do olho esquerdo de Clark. A proximidade criava uma intimidade desconfortável, e a tentação do olhar fixo era irresistível. Compensei-a com um amplo sorriso, cujas falsidade e ferocidade cresciam a cada segundo. A fim de mantê-lo, movia meus lábios. Clark enfrentou o problema de outra forma. Tombou a cabeça num ângulo submisso e me encarava com um olhar sonhador, sem piscar; de início, era um sorriso doce, que depois se tornou levemente apavorante. O enfrentamento se fez absurdo. Planos, curvas e concavidades de seu rosto tornaram-se abstratos, como um daqueles monólitos da ilha de Páscoa, só que em escala reduzida. Minha luta para manter no semblante algum tipo de significado parecia animalesca e insana. Pior: desenvolveu-se um clima de competição.

— Você é a primeira pessoa a me visitar — ele disse, quando os fones começaram a funcionar.

Depois, perguntou como estavam meus filhos, uma cortesia arrepiante e, em seguida, com dois outros prisioneiros se amontoando em cima dele nas cadeiras vizinhas, pressionou a testa pálida contra o vidro e me pediu que o ajudasse a encontrar um agente literário. Seu novo romance, escrito a lápis na prisão, tinha 800 mil palavras, contou-me, e cobria todo um período da história europeia, entre o fim da Primeira Guerra Mundial e a década de 1960. Ele resumiu o enredo para mim. Parecia uma chatice, um monólito de um pedantismo insuportável, produto de um desejo inconsciente de agredir os leitores, quem quer que fossem eles na imaginação de Clark. Menti, dizendo-lhe que iria me informar sobre um possível agente. Ele pareceu acreditar em mim, o que achei interessante. Mentirosos patológicos, eu tinha ouvido em algum lugar, não admitiam mentiras, mas eu logo aprenderia que era bem o contrário: eles eram, além de produtores, ávidos consumidores de mentiras.

Eu havia ido até lá com perguntas a fazer, um número infindável delas, porém adiei o interrogatório e preferi deixar que ele falasse por si só. A placa arranhada de vidro entre nós parecia magnificá-lo e fixá-lo, transformando-o num espécime, numa amostra, e incitando em mim a frieza do pesquisador científico. A prisão, ele me disse, por fim o libertara como escritor, tanto porque o forçara a escrever à mão ("a interferência do monitor e do teclado" havia paralisado sua imaginação, concluiu) como pelo fato de minimizar as interrupções. Contou-me que gostava em particular de compor sonetos petrarquianos e elisabetanos e me pediu, se possível, que lhe enviasse um livro sobre a estrutura dos sonetos, ou, se um livro fosse muito caro, que encontrasse e imprimisse para ele algum artigo da internet. Prometi que lhe mandaria um livro.

Isso pareceu animá-lo. Segurando o queixo com as mãos, ele me olhava diretamente nos olhos. Os pés de galinha em torno de seus olhos de bordas rosadas pareciam repletos de poeira preta ou fuligem. Eu conhecia "um bom Shakespeare de bolso em um só volume?" Não, não sabia dizer de imediato, mas podia procurar uma edição assim, respondi.

— Walter, isso seria maravilhoso — disse-me ele.

De repente seu semblante se modificou, como o de uma criatura num conto de fadas. Tornou-se mais suave, difuso, como se iluminado por velas, adorável, o rosto natalino de um bom menino alemão. Disse-me que me seria "eternamente grato".

Arranquei-me daquele transe. Ajudou o fato de minha perna direita ter dormido, provavelmente porque, sentado ali, eu estava tenso. Duas cadeiras adiante, uma adolescente pressionava seu bebê contra o vidro; a criança chorava, e ela o exibia ereta, como fazem as enfermeiras num berçário de hospital. Eu havia visto a garota na sala de espera da prisão, passando seu cartão de crédito numa máquina que transferia dinheiro para os detentos. Foi então que entendi: as paredes de uma prisão não são sólidas. A persuasão e o charme são capazes de atravessá-las feito raios gama. Os prisioneiros irradiam seus desejos ao mundo, ajustando intensidade e comprimento de onda; e giram o botão da sintonia até obter resultados.

Aquele semblante suave e resplandecente de Clark, vindo do nada, já devia ter funcionado com alguém antes, mas eu não queria saber em quem nem quando. Decidi não lhe enviar os livros, de jeito nenhum. Aquela sua magia precisava encontrar um obstáculo; do contrário, poderia se espalhar.

Estava na hora de lhe fazer as perguntas. Comecei pelas mais gerais: por que tinha passado a vida enganando as pessoas e por que alguém haveria de acreditar nele agora.

— Pense em mim como um viciado em drogas — ele disse.

— Um viciado que se recuperou. Não literalmente, é claro. Não bebo nem café. Mas esconder-se e mentir é o que os viciados fazem.

A resposta parecia ensaiada, feita sob medida para o interlocutor, isto é, para mim, o alcoólatra em abstinência. Mas só pude admirar a velocidade com que ele a produziu, sem nenhuma pausa, sem titubear, olhos nos olhos o tempo todo. Em que dimensão paralela e acelerada ele fazia aqueles cálculos e como conseguia transportá-los tão velozmente de volta para a nossa?

Minha pergunta seguinte foi sobre arte, sobre sua magnífica coleção de Motherwells e Rothkos.

— Falsificações — ele respondeu. — São todos falsos, Walter. Mas as falsificações são muito boas.

Ele me deu o nome de um sujeito que, declarou, havia passado os quadros para ele na crença de garantir a "procedência" e possibilitar sua venda como verdadeiros, depois de terem pertencido a um Rockfeller. Contou que o homem morava agora no Peru e que tinham se conhecido "num coquetel regado a velhos mestres". Depois, de um bolso escondido em seu uniforme de prisioneiro, ele tirou um pedaço de papel — minúsculo, um canto de página arrancado — e um toco de lápis longo o bastante apenas para que ele conseguisse segurá-lo. Escreveu o nome do homem no pedaço de papel e segurou-o contra o vidro — um truque para escapar dos telefones, que, segundo ele me confidenciara mais cedo, tinham escuta. Como haviam me proibido de levar um bloco de anotações, precisei memorizar o nome, e fiquei imaginando por que Clark queria tanto que eu tivesse aquela informação. Será que queria que eu o contatasse? Com um gesto de cabeça, convidei-o a me explicar, em código, se necessário.

Em vez disso, ele fez outro pedido. Os quadros e todas as suas posses — em especial, "algumas peças muito bonitas de mobília" e "todos os desenhos da Snooks" — estavam armazenados num local em Baltimore cujo aluguel ele não podia mais pagar. Será que eu poderia guardar aquilo tudo em Montana, enquanto ele apelava da condenação? Não me custaria um tostão; algumas peças antigas de mobília iriam a leilão em breve, e ele me reembolsaria as despesas. Se quisesse, eu podia vender os quadros também. Em si, eles não tinham valor nenhum, explicou, mas talvez o fato de terem sido de "Clark Rockefeller" (ele pronunciou o nome normalmente, sem nenhuma ironia) lhes conferisse certo charme para determinado tipo de comprador. Ou eu podia ficar com eles. A decisão era minha. O principal eram os desenhinhos da Snooks. E os brinquedos dela. Eu pensaria no assunto?

Disse que sim. Falei aquilo apenas para agradá-lo. A ideia era a um só tempo revoltante e insana. Se bem que talvez fosse de uma insanidade apropriada. Como lembrança de nossa amizade, um Rothko falso talvez fosse bom. Eu podia pendurá-lo na parede do escritório, atrás da minha mesa, uma espécie de totem, um troféu, algo sobre o que conversar. Há todo tipo de fecho para nossas experiências, a maior parte ilusória; aquele podia ser a rara exceção. De novo, sua ideia ia tomando conta de mim. Eu precisava detê-la. Eu havia perdido a noção do tempo. Restavam só trinta minutos de visita, e eu ainda não tinha perguntado sobre o assassinato. Parecia inútil. No caminho de carro até lá, eu sonhara obter uma confissão, talvez — a notícia seria manchete! —, mas a probabilidade de aquilo acontecer parecia remota. Clark seguia representando a personagem que eu conhecera, um nobre membro do Lotos Club deslocado sem nenhuma cerimônia. Além disso, eu era tímido. Nunca tinha feito uma pergunta daquele tipo a ninguém e não tinha certeza de que saberia formulá-la em palavras. Aquilo me incomodava. Parecia covardia e fraqueza. Contudo me incomodaria ainda mais não formulá-la. Clark perceberia minha fraqueza e poderia explorá-la, quando não na esfera física, por certo na psíquica. Antes daquela visita, isso talvez parecesse um absurdo — um ataque astral levado a cabo pelo éter —, mas agora que estávamos um diante do outro, cabeça a cabeça, perto o bastante para gerar estalos azulados de estática, fiquei preocupado. A visita fora um erro; eu não era um materialista. E minha fé em divisórias de vidro não era forte o bastante. Culpei meus anos como mórmon, uma seita fantasmagórica repleta de um folclore do outro mundo — placas de ouro traduzidas por meio da segunda visão, pragas de grilos interrompidas pelo poder da oração —, mas também a morte recente de minha mãe, que abrira lacunas na minha realidade. Desde a morte dela, eu via um número incomum de corvos, mensageiros que surgiam em momentos que eram como contos de Edgar Allan Poe, quando eu estava sozinho e pensava nela. Rodas simbólicas, atravessadas por aros, apareciam constantemente em canções, poemas e pinturas. Pareciam versões da roda do feiticeiro nas montanhas Bighorn, um altar de pedra dos antigos índios norte-americanos situado numa montanha do Wyoming, para onde eu estava indo no dia em que recebi a notícia do colapso de minha mãe.

— Me conte sobre o assassinato.

Pronto, estava dito. Eu tinha mostrado ao demônio que era corajoso.

— Ah, aquilo... — principiou Clark. — Não há muito que eu possa dizer. Sou inocente. Não fui eu. Aquele júri, você sabe, nunca foi muito com a minha cara. Me condenariam de todo modo, qualquer que fosse a acusação. Me julgariam culpado até da morte do Kennedy. Qualquer coisa. Foi tudo um equívoco. Vão ter de revogar a condenação. Tenho confiança absoluta de que vão fazer isso.

— Então quem matou John Sohus?

E lá veio o toco secreto de lápis, que ele não usou de imediato. Em primeiro lugar, denegriu seus advogados, sobretudo Denner, que acusou de ser muito velho e frágil para exercer seu ofício. Depois, baixou o tom de voz e, como se conspirasse, aproximou-se ainda mais do vidro:

— É possível que ele tenha tido um derrame durante o julgamento.

A acusação era horrível e absolutamente falsa; pronunciá-la era outro ato de vileza. O alvo seguinte foi Linda Sohus. Disse-me que ela tinha matado o marido e fugido do país, provavelmente em direção ao México.

— Nós descobrimos algumas pistas — ele disse.

Nós. O pronome era apropriado, um "nós" psicótico. Havia muitos Clark, e todos eles compartilhavam a mesma cabeça. Então, ele se pôs a escrever alguma coisa. De novo, em letras de fôrma, como num bilhete de solicitação de resgate. Em seguida, ergueu o pedaço de papel, a fim de que eu pudesse ler as palavras: "Bruxa dissimulada". Pronunciei-as em voz alta, para que a escuta as registrasse. Não era o que ele esperava que eu fizesse, e foi por isso mesmo que fiz aquilo.

— Você é bastante perspicaz — Clark disse. — É isso mesmo que ela era.

Nosso drama se esgotara, mas o tempo de visita ainda não. Os minutos devem ter se subdividido. E ele os utilizou em seu favor, abdicando da sordidez e aplainando o caminho rumo a uma saída menos repugnante. Pôs-se a falar sobre suas esperanças de recorrer da sentença e da possibilidade de, um dia, voltar a ver a filha. Contou-me que todo dia lhe escrevia uma carta. Não as enviava, mas um dia ela as receberia, todas elas. E aquilo talvez acontecesse logo. O julgamento havia sido uma farsa. O veredicto seria revogado.

— Então tudo isto é temporário? — perguntei, apontando em volta.

— Com certeza — respondeu. — Um pequeno dissabor.

Eu tinha outra pergunta, uma pergunta de escritor, imprecisa e difícil de formular, porém essencial, senti, se pelo menos eu conseguisse defini-la com precisão.

— Tenho curiosidade de saber como você vê as pessoas — comecei. — Curiosidade de saber o que sua carreira, sua vida... quero dizer, você sabe, o que sua vida de sucesso como impostor ensinou sobre...

— Sobre o quê?

— Sobre a natureza humana, acho.

— Não entendi. Não mesmo.

— Estou complicando demais. O que é que você procura nas pessoas? Qual a chave? Qual a chave para manipular tanta gente?

Ele quase riu.

— É muito fácil. Fácil demais.

E nada mais. Apenas um longo suspiro de tédio. Ele queria que eu suplicasse.

— Tudo bem. Mas é que eu queria ouvir a resposta de um especialista.

Ele gostou. Suas pupilas tornaram a se inundar de tinta preta.

— Eu acho que você sabe — ele disse.

— Mas estou perguntando a você.

— Vaidade, vaidade e vaidade — respondeu ele.

Aquilo, no entanto, não era o fim. Eu não conseguia pôr um ponto-final. Conversamos sobre a vida na prisão. Perguntei sobre a comida. Ele me contou que o truque era insistir em comer comida kosher. Por fim, pouco antes de desligarem o fone — ainda não sei como foi que ele cronometrou aquilo, mas ele o fez —, Clark me agradeceu por ter ido visitá-lo e me perguntou quando eu voltaria.

16.

Ele sabia melhor que eu qual seria meu próximo passo; não porque me entendesse — uma convicção presunçosa e automática de minha parte que acabou por se revelar a fonte de todo aquele feitiço —, e sim porque me via de forma mecânica, *impessoal*, como uma mente enamorada da própria energia. De um ponto de vista puramente epistemológico, envolver-se na vida de um grande mentiroso, compreender que se trata de um mentiroso e seguir tentando extrair dele a verdade é como mergulhar de cabeça através de um espelho para dentro de um redemoinho. No passado, ao me convencer de que era quem não era, Clark só havia me deixado no escuro e nada mais; agora, porém, que eu aprendera a esperar que me desinformasse, ele podia me levar à beira do abismo. Na noite de 19 de abril, no dia seguinte ao da nossa conversa na prisão, digitei na internet o nome que ele havia me passado — o do suposto marchand que era seu fornecedor de quadros falsos — e acrescentei a palavra "Peru", o hipotético local de residência do tal homem. O resultado foi uma quantidade de reportagens em espanhol, datadas de 2012, sobre um expatriado canadense acusado de sequestrar a filha pequena, após ter pressionado a mãe dela a assinar algum tipo de documento ou contrato. De imediato, lembrei-me daquele esquema repugnante de procriação no Terceiro Mundo mencionado por Clark certa vez. Ele havia dito que tinha um sócio naquilo, e tudo indicava que eu o havia encontrado. Em um vídeo de um programa de notícias peruano, a mãe da criança desaparecida ligava o canadense explicitamente a Clark, que ela sabia tratar-se de um assassino e a quem aparentemente temia. Lembrei-me também de que, depois de sequestrar Snooks, ele preparara algumas pessoas para sua ausência, dizendo que talvez fosse visitar o Peru. Será que para se encontrar com o canadense? Era o que parecia. Uma das razões pelas quais a internet favorece o surgimento de teorias conspiratórias reside no fato de seu sistema de ramificações e interligações assumir a forma do próprio raciocínio paranoico; uma vez no interior desse labirinto sombrio, nos pegamos seguindo a pista de réstias ilusórias de luz que se dissipam tão rapidamente quanto somos capazes de segui-las. Quando adicionei as palavras "falso" e "Rothko" à minha pesquisa, descobri que estava em curso uma investigação federal centrada na galeria de arte Knoedler, em Nova York, que fechara as portas alguns anos antes, depois de ter sido processada por colecionadores de arte por vender dezenas de obras falsificadas (avaliadas em 80 milhões de dólares, no total) e obras dos mesmos expressionistas abstratos cujos quadros eu havia visto nas paredes do apartamento de Clark. De acordo com matérias do *New York Times*, da *Vanity Fair* e de outras publicações, a galeria comprara os quadros ilegalmente, por uma fração de seu valor, de uma mulher chamada Glafira Rosales, que declarou serem eles provenientes de certo senhor X, reservado herdeiro de enorme fortuna familiar. Imediatamente pensei em Clark. Pesquisando ainda mais, encontrei um trecho de um livro fascinante, publicado em 2011, sobre a vida e as proezas de Clark — *The man in the Rockefeller suit*, de Mark Seal. O livro mostra que Clark frequentava a galeria, muitas vezes se passando por comprador de obras de arte. O marchand canadense também figura nele, identificado como um amigo de Clark, embora o escândalo da falsificação de quadros não seja mencionado, provavelmente porque ainda não havia vindo à tona por completo.

A hora que passei em meio a pesquisas para chegar até aí se multiplicou em dias de investigações frenéticas, em que me dediquei a comparar a cronologia da falsificação dos quadros aos movimentos de Clark ao longo dos anos. As obras falsas começaram a chegar ao mercado no início dos anos 1990, não muito tempo depois de ele se casar com Sandy e ascender na escala social nova--iorquina. E pararam de aparecer na galeria Knoedler, conforme apurei, mais ou menos à época em que ele estava se preparando para se transformar em Chip Smith e submergir com Snooks. Para mim, contudo, o que havia de mais incriminador nisso tudo era algo que o pai de Sandy, William Boss, me disse em um almoço ainda durante o julgamento. Ele me contou que, num dos primeiros encontros que teve com o futuro genro, Clark lhe fizera uma pergunta peculiar: ele queria saber como era que se vendia um Rothko. Boss lembra-se de ter ficado perplexo, sem saber como responder à pergunta. Sabia muito pouco de arte moderna e com certeza não estava à cata de semelhante mercadoria.

O simples fato de Clark ter me dado o nome do marchand e sugerido que ele estaria envolvido em negócios escusos precipitou--me num labirinto que lembrava uma aventura quase fatal em que eu me metera na véspera de Natal do ano anterior. Depois de uma visita de duas semanas à Califórnia, eu voltava de carro para Montana pelo sul de Idaho, quando me dei conta de que não havia árvore de Natal em casa. Pensei, então, em cortar um pinheirinho da floresta. Era quase meia-noite, a estrada estava deserta e eu tinha no carro uma faca com uma lâmina comprida e serrilhada que, assim imaginei, conseguiria cortar madeira resinosa. Estacionei no acostamento e desci um barranco na direção das árvores, quase todas do mesmo tamanho e plantadas ali pela agência do meio ambiente para repor os milhares que haviam morrido vinte anos antes em decorrência de uma infestação de besouros. Imaginando que aquilo levaria no máximo dez minutos, deixei para trás meu gorro e minhas luvas, a despeito do vento e da temperatura abaixo de zero.

Quase não consegui voltar. Não me lembro do momento em que me perdi, e sim do que aconteceu na sequência, quando fitei as fileiras compridas e idênticas de árvores dispostas diagonalmente, como se fossem túmulos de veteranos de guerra, e me dei conta de que nenhum caminho de volta parecia mais promissor que o outro. Lutei contra o pânico e escolhi uma trilha ao acaso, que me lançou numa trajetória circular. Tentei outra e segui nela até cruzar com as pegadas das minhas próprias botas na neve. Precisava de um novo plano, mas não tinha nenhum. Meu celular ficara no carro e eu estava congelando; já começava a pensar como uma vítima de hipotermia, intercalando imagens da morte com fantasias aconchegantes de um lar quentinho. Em um momento, via meu corpo azul e rijo; no seguinte, recobria biscoitos de açúcar de merengue cor-de-rosa. Fiquei nesse estado até ser salvo por acaso pela buzina de um caminhão que passava pela estrada. Descobri, então, que meu carro estava a não mais que 50 metros de distância, escondido pelas árvores.

Havia lições a tirar daí, lições demais, talvez, para que eu pudesse utilizá-las, razão pela qual de nada me valeram enquanto eu vasculhava os corredores da internet, sempre se bifurcando, no encalço dos quadros falsificados. No julgamento, os advogados de Clark tinham levantado uma questão que julguei muito boa, talvez a mais desconcertante de todas: por que um homicida fugitivo se deixaria marcar por um sobrenome tão chamativo que ninguém que o conhecesse deixaria de comentar? A pergunta se pretendia uma prova da inocência de Clark, mas eu entendera aquilo como prova ou de autossabotagem ou de uma propensão para o descaramento arrogante. Eu vislumbrava agora outra explicação: o sobrenome lendário ensejara o esquema de falsificação de obras de arte, e estas, por sua vez, retribuíram o favor credenciando o falsário. Teria o negócio resultado em lucro real? Meu sentimento era de que tinha, sim. E quanto ao dinheiro, onde estava? Talvez o aguardasse no Peru.

Expus algumas dessas teorias a James Ellroy, quando finalmente nos encontramos para nosso tão adiado jantar em seu ponto habitual no centro da cidade: o Pacific Dining Car, um amontoado silencioso e escuro de gente e de salas interligadas, ideal para encontros recônditos e negociações secretas. Ele já estava instalado quando cheguei — um freguês que dava generosas gorjetas em meio a garçons agradecidos, recostado na cadeira, alto, as pernas longas esticadas, calvo e com a camisa havaiana para fora da calça. Autodidata impecável das letras, parecia uma espécie de rei das fianças de Tijuana. Críticos já o compararam a Raymond Chandler, em razão de sua prosa moderníssima e crua, que preserva com a fidelidade de um museu a melodia americana em extinção dos insultos e imprecações — raciais, sexuais, de todos os tipos. O que sua prosa oculta, porém, é uma alma generosa. Eu o havia procurado meses antes como um peregrino em busca tanto de sua erudição criminológica como de sua sabedoria literária, e ele me recebeu com paciência cavalheiresca.

— Seu telefonema de hoje me deixou preocupado — ele disse, coçando o nariz com seu dedo mindinho torto. — Você parecia nervoso.

Eu já conhecia sua opinião sobre Clark: um temperamento artístico que opera livre das restrições impostas pelo trabalho intelectual honesto. Para Ellroy, não havia força mais destrutiva.

Manson e Hitler eram apenas os figurões; os peixes pequenos estavam por toda parte, espalhados pela cidade. Eram pedintes, drogados, lunáticos e tipos sinistros que foram para Los Angeles para atuar, escrever ou tocar, se deram mal e viviam de arrumar desculpas. Depois, transformavam em credo suas desculpas esfarrapadas, praticavam assaltos, cafetinavam a namorada e acabavam em Griffith Park no meio da noite, com o intuito de se livrar do corpo de alguém que haviam abandonado ou para serem desovados ali por alguém de sua própria laia de doentes.

— Eu sei que ele está metido nesse escândalo de falsificação — eu disse. — Só não tenho como provar isso agora.

— Deixe isso pra lá. Você nunca vai conseguir provar — Ellroy respondeu.

— Mas é perfeito, porque isto é o que ele é: uma falsificação.

— É lindo, mas esquece: não vai levar você a lugar nenhum.

— Como é que você sabe?

— Ele não fala a verdade.

Ellroy era um veterano de caçadas infrutíferas. Sua mãe havia sido assassinada quando ele tinha dez anos, estrangulada depois de uma noitada pelos bares de El Monte, na Califórnia, uma cidade de operários no Vale de São Gabriel que ele certa vez descreveu para mim como "Merdópolis". Em 1996, publicou um livro de memórias, *Meus lugares escuros*, sobre sua tentativa vã de solucionar o crime, décadas depois de encerradas as investigações. As novas dicas e pistas obtidas com a ajuda de um investigador aposentado eram como uma colmeia numa árvore oca: sedutora, mas sem substância.

Ellroy me deu uma aula de Los Angeles enquanto saboreávamos o antepasto. Depois, o garçom trouxe nossos bifes: dois suculentos pedaços chamuscados de carne de primeira servidos em pratos brancos vazios.

— Vou fazer outra visita a ele na prisão — prossegui. — Pode ser uma ideia idiota, mas quero tirar mais dele.

— Você quer mais dessa enganação psicótica de merda?

Ellroy era um tipo incomum de branco, um sujeito correto. Seu apelido era "Dog", mas sua paixão era Beethoven.

— Só para ter mais elementos — respondi. — Ainda não estou satisfeito.

— E essa é a sua perdição, meu chapa.

— A curiosidade?

— Querer mais. Você está querendo mais do que existe.

Clark mentiu mais do que nunca, quando fui vê-lo duas semanas mais tarde. As mentiras saíam de sua boca como se para esticar as pernas, depois de terem passado tanto tempo confinadas ali. A primeira delas descreveu a origem do laboratório de pesquisa canadense de física de propulsão a jato, que revelou sinistra semelhança com o Laboratório de Propulsão a Jato de Pasadena, onde John Sohus trabalhava quando foi assassinado. Clark negou haver aí alguma ligação. Contou-me que acontecera o seguinte: ele estava escrevendo um livro sobre um homem misterioso, "Rex Bradley" ("Um aventureiro como Thomas Crown; não um ladrão, mas uma pessoa de posses"), e queria dar uma profissão à personagem. Então, pediu ajuda a Sandra, que sugeriu engenheiro espacial. Por esse motivo, ele havia criado uma página na internet para a empresa de Bradley, "como forma de explorar a ficção" e, de algum modo, o site transpôs uma fronteira metafísica e se tornou, ao menos na cabeça dos outros, uma empresa real de prestação de serviços para o Departamento de Defesa.

Eu havia ido à prisão para interrogá-lo sobre o esquema de falsificação de obras de arte, porém, já que estávamos falando do assassinato, perguntei-lhe por que ele havia deixado a Califórnia tão repentinamente naquele verão, e na caminhonete da vítima.

— Por que as pessoas vão embora de Los Angeles? — ele me perguntou de volta.

E pôs-se a responder à própria pergunta com uma história a respeito de um encontro deprimente que tivera com Robert Wise, o diretor de *Amor, sublime amor*, *A noviça rebelde* e *Nascido para matar*. Clark lhe enviara uma pilha de roteiros que havia escrito; Wise os devolvera pessoalmente, durante um café, e lhe dera um conselho direto:

— Você é esforçado, mas não tem nenhum talento.

Clark sabia que aquilo era verdade e resolveu ir embora da cidade.

Sobre o que eram os roteiros? Clark hesitou, mas não pelo tempo que um mentiroso normal hesitaria, e mascarou sua hesitação com um olhar exasperado, sugerindo que a pergunta havia sido impertinente. Os roteiros, informou, eram adaptações de *Parade's End*, de Ford Madox Ford, uma tetralogia sobre o declínio da aristocracia britânica após a Primeira Guerra Mundial. Disse-lhe que era uma coincidência, já que uma adaptação daqueles romances, produzida pela BBC, tinha ido ao ar nos Estados Unidos naquele mesmo inverno.

— Sério? — ele perguntou, com um semblante subitamente vago.

— Nunca conversamos sobre filmes *noir* — emendei.

Adotei um tom mais enérgico e decidido, numa tentativa de adverti-lo de que eu era um homem livre que tinha mais o que fazer e de que estava ali para esclarecer certas questões, e não para apreciar suas reminiscências improvisadas. E prossegui:

— Você alguma vez já parou para pensar que parte do seu problema talvez se deva à atração que sente por esse gênero mórbido?

— Nunca gostei de filme *noir* — ele disse. — Não sei de onde você tirou essa ideia.

— Do seu julgamento — retorqui. — Nele, ela surgiu com razoável frequência.

— Prefiro musicais. *Cantando na chuva, Dançando nas nuvens*, esse tipo de coisa.

— Você já leu os romances do Ripley da Patricia Highsmith?

— De quem? Perdão — ele balbuciou —, mas nunca ouvi falar.

Eu havia aplicado pressão excessiva. Retornei, então, a um papo mais ameno, na esperança de que ele voltasse a se sentir à vontade. Por algum motivo, isso o levou a expor sua opinião sobre o "terrível" episódio das bombas na Maratona de Boston, que havia acontecido na semana anterior. O local das explosões não ficava longe de um dos lugares que ele costumava frequentar na cidade, contou; era próximo de um café onde, com alguns amigos, ele participava de um grupo de discussão de questões culturais batizado de "Cafe Society". Se bem que havia um lado bom naquelas bombas, acrescentou. Tinha ouvido que o atentado substituíra sua condenação como tema central das conversas na cidade.

— Eu procurei o nome do marchand que você me passou. E encontrei coisas bastante misteriosas.

— Ah, é?

Ele me encarou através do vidro e pareceu desmanchar-se, um sutil dissolver-se em sua própria interioridade que camuflava, pude sentir, a alegria por ter me enganado de novo. Não me disse nada de útil sobre o esquema das obras de arte. Saiu pela tangente, desviando-se de todas as minhas perguntas e embrenhando-se por comentários ensaiados a respeito de arte em geral. O assunto morreu, e a visita fugiu ao meu controle. Quando me dei conta, Clark falava sobre chá. Disse-me que Chichester, o pseudônimo que usara em San Marino, quando morava na casa dos Sohus, era uma jogada de marketing criada para conferir um ar britânico a sua pequena empresa de comercialização de chá, cujos clientes eram "igrejas e veteranos de guerra". Comprava o chá em grandes quantidades, dava-lhe o nome de Chichester e o vendia como se representasse uma empresa familiar do Velho Mundo. A procura pelo produto era cíclica, contou-me, e atingia seu pico nos meses subsequentes ao Natal, quando as igrejas se enchiam de doações e tendiam a comprar seu suprimento anual de chá de uma vez só, numa única e grande transação. Essa, acrescentou, era mais uma razão pela qual ele não podia ter matado John Sohus no começo de fevereiro de 1985, quando a temporada de compra de chá estava a todo vapor. Nessa época, disse-me, corria por todo o estado para atender a seus clientes, a maioria do quais mais ao norte, perto de São Francisco, a centenas de quilômetros de San Marino.

— Você tem algum registro dessas transações ou recibos dos lugares onde se hospedou?

— Em geral, eu dormia no carro. Isso tudo faz muito tempo, e o negócio era bastante informal — ele respondeu. — Eu também escrevia trabalhos de fim de semestre para estudantes universitários. Essa era minha atividade principal. E, em sua maioria, eram estudantes iranianos.

Então, os telefones foram desligados por quem quer que cuidasse deles, ou talvez se desligassem automaticamente, uma vez esgotado o tempo da visita. Reviramos os olhos e fizemos cara de desaprovação para os fones, expressando por meio de gestos nosso desapontamento com a intimidação exercida pelos protocolos peremptórios da prisão, suas injúrias e negativas castradoras. Clark apontou o dedo para mim e, depois, para si próprio, um sinal sugerindo que tornássemos a nos ver. Encolhi os ombros ao mesmo tempo que assentia com a cabeça, numa combinação deliberadamente ambígua. Sob ordens de alguém que eu não podia ver, ele se virou e seguiu uma rota predeterminada, partindo em fila com os demais presidiários. Retornavam a seus trabalhos degradantes, às humilhações, aos banheiros horrorosos, a sua lavagem, às janelas que eram como fendas. Em algum momento, ele havia dito que o que mantinha aquele lugar em pé era o grande televisor que ficava na sala de TV, sempre tumultuada e com o aparelho em geral ligado em algum evento esportivo. Clark a evitava; tampouco tomava parte nas ocasionais excursões ao telhado, que oferecia uma visão panorâmica das avenidas ladeadas de palmeiras, das montanhas, das autoestradas e dos jumbos que pousavam ou decolavam. Até que fosse solto, preferia não ver aquelas coisas, e previa que o dia de sua libertação se aproximava rapidamente. Estava redigindo um pedido de extinção do processo, em cujo aperfeiçoamento empregava todo o seu tempo. Disse-me que o poder de convencimento de sua petição seria irresistível, porque desmascararia muitas das testemunhas-chave como mentirosas e demonstraria que as provas e testemunhos legítimos estabeleciam, na verdade, precisamente o contrário do que Balian havia postulado. Alguém tinha de sair à caça de Linda Sohus, surpreendê-la em seu covil e trazê-la de volta. Ela não estava morta, e sim escondida em algum lugar. Três meses depois, em agosto, no dia em que foi sentenciado, Clark chegou a me dizer que Linda havia sido vista na Carolina do Sul ou do Norte, num estábulo onde trabalhava como cavalariça, possivelmente usando o sobrenome "Schus". Teria sido bastante engenhoso trocar o "O" de "Sohus" por um "C". Era uma provocação reveladora, ele disse: pronunciado ou escrito com mais um "S" no final, o sobrenome formava o substantivo alemão para "tiro".

Todo mundo sabia que Clark adorava quebra-cabeças. Linda talvez os adorasse também, mas esse "Schus" decerto estava além das possibilidades de uma aluna monolíngue que abandonara o ensino médio. Mesmo supondo que não estivesse morta — algo bastante improvável, já que ninguém além da "fonte" de Clark havia ouvido um pio sobre ela em décadas —, ela precisaria ter recebido uma educação de primeira na fazenda de criação de cavalos. O enigma mais intrigante, contudo, era este: por que ele se importava? E por que continuava se importando? O julgamento terminara, estava concluído e acabado. A vida dele também. Que optasse por jamais revelar a verdade, eu compreendo, mas por que todos aqueles anagramas, tanta dissimulação, todo aquele teatro cabúqui? Por que o teatro de bonecos com gatos de Cheshire correndo atrás do próprio rabo que começava a desaparecer? Depois de minha segunda visita à prisão, em abril, eu refleti sobre todas essas questões durante um pôr do sol na praia, caminhando ao longo das marcas deixadas na areia pela maré e chutando uma bola de tênis encharcada, com a qual alguém andara brincando com um cachorro. As mentiras que eu contava, assim como aquelas que os outros me contavam, eram em geral criações muito simples, que visavam a evitar ou desarmar um conflito. Poucas haviam demandado ensaio. Eu as inventava na hora, muitas vezes sem nenhuma habilidade ou sutileza, e com frequência elas eram descobertas de imediato, ou então possuíam tantos defeitos de fabricação que eu próprio acabava por me retratar, cansado de tentar consertá-las. As únicas mentiras de minha autoria que chegaram a me dar algum prazer, um prazer moderado, foram aquelas que ou corrigiram ou evitaram o que percebi como injustiça.

Clark, porém, ao que parecia, mentia por mentir. Mentia como os pássaros gorjeiam, ou como os surfistas — os surfistas de verdade de Malibu — pegam ondas, remando freneticamente para alcançar a maior delas e, então, subir na prancha e fazer suas manobras, deslizando longamente sobre a onda, cortando-a feito faca e espirrando água para todos os lados ao reverter o movimento. Qual o problema de levar um tombo no final? Valia a pena. Na verdade, surfar a onda sem levar o tombo nem era surfá-la decentemente. Durante seus anos de arquiencantador, quando eu o conhecera — com sua esposa muito bem remunerada, seus mascotes em restabelecimento, seu Guggenheim particular, de arregalar os olhos —, Clark provavelmente sabia que estava surfando rumo a um tombo, há de ter sentido a parede encrespada de água às suas costas, acumulando-se para despencar sobre ele e levá-lo ao fundo. No entanto, ele foi se segurando entre os tremores e a agitação — essa era a graça vertiginosa daquilo tudo. Veio, então, o tombo: *cabum!* Mas bastava se estabilizar e começar de novo. A prisão não era o fim, de modo algum. Nela, ele ainda podia se dedicar a sua paixão, maquinando em sua cela, mentindo no refeitório — condições excelentes para um mestre da mentira. Durante o jantar, Ellroy havia exposto uma teoria sobre a psique dos condenados que me pareceu um tanto exagerada em seu protestantismo amargo e gélido: pessoas como Clark, ele disse, atingiam tal grau de confusão que, inconscientemente, queriam ser presas, como forma de "limitar radicalmente suas escolhas".

De todos os golpes que Clark havia me aplicado, aquele que eu desejaria que ele tivesse assinado — fossem eles pinturas ou desenhos — aconteceu no fim do jantar que ele não pagou, em 2002, durante minha visita a Cornish. Depois que eu, irritado, dei meu cartão de crédito ao garçom, Clark me perguntou, como se para me distrair da conta, se eu gostaria de ver uma foto de seu secretíssimo laboratório de propulsão. Puxou, então, uma fotografia colorida do bolso do paletó e a depositou sobre a mesa, ao lado do pimenteiro. A foto parecia ter sido tirada de um avião e mostrava um denso e ininterrupto dossel de verdes copas de árvores. Eu a apanhei para examiná-la melhor e tudo o que vi foi a folhagem; não se via laboratório nenhum. Esprimi os olhos.

— Está aí, bem aí — ele disse. — Você está olhando para ele, debaixo destas árvores todas.

17.

Parte do que torna esta história tipicamente californiana é o fato de ela provar que os místicos de meia-tigela têm razão: quando desistimos de procurar as respostas, aí é que elas aparecem, ainda que não as que imaginávamos importantes, e sim aquelas que nem soubemos procurar e que, em última instância, são as que importam, porque, de posse delas, não precisaremos de mais nada. Quinze anos depois de embarcar em minha caminhonete para levar uma cadela aleijada a um homem que eu acreditava ser um Rockefeller — em grande parte porque eu queria ser amigo de um —, recebi na porta de casa um envelope recheado de revelações tardias. Os remetentes eram a reverenda Mary Piper e seu marido, Harry, o herdeiro da grande empresa de corretagem, que tinham deixado Montana alguns anos antes. Eu os vira pela última vez em 1998, naquele dia quente de julho em que fui buscar Shelby, seu amado Lázaro canino. Com a ajuda de cirurgiões especializados, de curandeiros da Nova Era e das orações na igreja, os Piper a haviam virtualmente ressuscitado dos mortos. Naquela época, Mary ainda era diácona, prestes a ser ordenada pastora. Cuidar de animais sem um lar era elemento central de sua vocação religiosa. Um funcionário local da Humane Society certa vez a descreveu como "a Madre Teresa dos animais adotivos".

Os Piper entraram em contato comigo por telefone, depois de ler minha matéria na *New Yorker* sobre o julgamento de Clark. Acharam que eu podia estar interessado em olhar um material sobre Shelby que eles haviam coletado em 1998 e guardado por todos aqueles anos, uma espécie de álbum de recortes em memória da cachorra. O material incluía cópias impressas de dezenas de e-mails trocados com Clark naquele verão e que contavam a história da adoção da cadela, começando pela campanha de Clark para ganhar a confiança dos Piper, na medida em que retratava a si próprio como afetuoso e cuidadoso com animais. Mas o arquivo continha também um segundo conjunto de documentos: cópias de um "Relatório Shelby", uma coleção de postagens não assinadas que, em seu estilo fabulista peculiar, Clark havia escrito e publicado num site dedicado a amantes da raça gordon setter. A primeira postagem datava de 19 de julho, um dia depois de meu desembarque em Nova York com Shelby, e a última fora escrita em 3 de setembro, quando Clark informou a seus "leitores" (que talvez já se limitassem apenas aos Piper, se é que outros algum dia existiram) que deixaria de escrever o "Relatório" e que esperava que as pessoas seguissem orando por ele. As razões para essa melancólica e súbita despedida não foram reveladas, mas qualquer um que estivesse acompanhando os tais "relatórios" já sabia quais eram e provavelmente jamais as esqueceria.

De início, estudei os e-mails. Lidos por olhos esclarecidos, eles contavam a história de uma criatura vil e predatória — uma pessoa sedutora, de grande lábia e sangue de aranha. Imaginei-o empoleirado diante do computador, sorvendo chá inglês com leite, respirando os fumos da tintura loira para os cabelos, habilmente cortejando e encurralando dois estranhos de grande fé e otimismo. Clark sabia como manipular os Piper, porque supostamente havia lido e analisado "A história de Shelby — um anjo entre nós", o carinhoso relato de Mary sobre a recuperação da cachorra. Ela o escrevera para o site do Gordon Setter Club, e o relato chamara a atenção dele, segundo indicavam os e-mails, por obra de um amigo, um certo Leslie Titmuss, comerciante de antiguidades do estado do Maine e piloto de avião. Também Leslie havia contatado os Piper com a intenção de adotar Shelby. E, como soubera antes da cadela, "a prioridade deve ser dele", Clark escreveu, mas não perdeu tempo: pôs-se logo a denegrir o amigo, que caracterizou como simplório e temerário. "Ele quase nos matou no ano passado, quando voávamos do Maine para casa e um jato passou raspando sobre nós, menos de cem metros acima, voando no mesmo curso, só que na direção contrária. Nessa mesma viagem, ricocheteou três vezes na pista ao pousar em Caldwell, em Nova Jersey, e depois arremeteu antes de pousar de novo". Clark, ao contrário, era um sujeito prudente e uma espécie de veterinário amador. Inundou a caixa de entrada dos Piper com receitas de comida canina exclusiva e saudável, repleta de levedura e gérmen de trigo; deu conselhos referentes aos problemas de tireoide de Shelby ("Melhor ir devagar com a medicação... Algas marinhas em comprimido ou pó podem ajudar"); e fez juras solenes de cuidar da cachorra, caso os Piper a confiassem a ele. Jurou, por exemplo, mantê-la a seu lado a semana inteira. Levaria a cadela para o trabalho, na Asterisk LLC, sua empresa bancária, e a levaria consigo nas férias também. Só não poderia passar com Shelby um período total de cinco horas semanais, no qual ela estaria segura aos cuidados de "minha governanta espanhola".

Os Piper ficaram encantados. Como poderiam evitar tal sensação diante de alguém tão sintonizado com o pensamento e o comportamento de um cão, alguém capaz até mesmo de perguntar: "Ela tem o mesmo pendor para a manipulação que o Yates?

Eu me refiro ao excelente talento para implorar que todos os gordons têm, aqueles olhos castanhos e fundos que parecem dizer: 'Um pouco mais de queijo Stilton, por favor'". E como não se encantar ainda mais com uma figura tão magnânima que deixava o cachorro lamber quadros à vontade e até babar em sua coleção sem igual de arte moderna? Para o caso de os Piper duvidarem daquilo, Clark recomendou-lhes um belo texto que a *ArtNews* havia publicado no ano anterior. "Imagem escarrada" era o título, e a autora era sua esposa. Clark insistiu para que os Piper o lessem sem demora.

A troca de e-mails, iniciada em junho, seguiu adiante. Em julho, a adoção de Shelby por Clark estava quase decidida. Os Piper tinham identificado nele — ou assim acreditavam — a pessoa que tanto haviam orado para encontrar: "o companheiro para a vida inteira" de Shelby. Clark parecia perfeito, incrivelmente perfeito, e, por meio daqueles e-mails brincalhões e cheios de detalhes, os Piper tinham agora uma boa ideia dele: rico, de boa índole, escrupuloso em matéria de alimentação, bem informado sobre medicina natural, flexível em seus horários, esteticamente refinado, de uma maluquice hilária — enfim, um cavalheiro cristão, feliz no casamento e cuja outra religião eram os cachorros.

Mas então algo preocupante aconteceu. Clark exagerou numa de suas histórias, e os Piper se alarmaram. O episódio em questão teria acontecido em Boston, alguns anos antes, quando Clark supostamente comandava uma empresa de petróleo por lá e morava com Yates no Four Seasons, localizado, disse ele, ao lado de um braço pantanoso de rio. Num dia de muito vento, o setter e seu dono saíram para um passeio ao longo do braço de rio e, não se sabe bem como, o animal caiu na água. Clark puxou-o pela coleira — que parecia ser bem comprida — e trouxe Yates de volta para terra firme, bem quando "uma coisa que parecia uma cobra" nadava na direção deles. Era um jovem jacaré.

Mary não achou nada divertido o relato daquele apuro no pântano. "Talvez eu devesse ter prestado mais atenção às atividades extracurriculares em minha triagem", ela respondeu. "Preciso refazer meu questionário de adoção [...]. Você tem um veterinário? Tem uma área cercada? Deixa seu cachorro caçar jacarés só para se divertir?" Ela manifestou sua preocupação ao Gordon Setter Club e chegou a perguntar a uma pessoa de lá se podiam oferecer alguma garantia quanto a Clark. Na verdade, não. E o motivo para tanto era que, alguns anos antes e sob outro pseudônimo (por uma questão de privacidade, ele alegara), Clark tinha olhado para uma ninhada de filhotinhos e, segundo o proprietário dos filhotes, havia dito: "Que coisas mais bizarras".

Os Piper se irritaram. Trocaram nervosos e-mails com o Gordon Setter Club, consultando-os sobre fazer uma "visita domiciliar" a Clark para examiná-lo de perto. Estávamos em meados de julho, e as conversas de semanas sobre a adoção tinham empacado. Foi então que Leslie Titmuss, que não escrevia aos Piper fazia algum tempo, voltou à cena. O comerciante de antiguidades e aviador enviou-lhes um e-mail para confirmar oficialmente sua perda de interesse na adoção de Shelby. Tinha se apaixonado por um cachorro mais novinho, escreveu, um filhote abandonado de Illinois. Complementou, porém, dizendo que tinha dois amigos aos cuidados dos quais Shelby com certeza ficaria muito bem. Mary perguntou se eram os Rockefeller. "Sim, Clark e Sandy", veio a resposta: "Não posso imaginar donos melhores para o cachorro de vocês. Eles são fanáticos por cães". A referência estupenda ressuscitou nos Piper a confiança em Clark. Aparentemente, ela fortaleceu também a fé religiosa de Mary.

"Clark", escreveu ela num tom mais relaxado, "aconteceu outro milagre, outra interferência divina, ou chame você como quiser. [...] Ontem à noite, jantamos com Walter e Maggie Kirn, que estavam planejando levar Shelby de avião. A noite terminou com Walter querendo levá-la de carro ainda esta semana".

O pacote de e-mails, com passagens marcadas, sublinhadas e comentadas ("Estranho", "Cala a boca!", "Nojento"), permaneceu esparramado por dias em cima da minha mesa. Leslie Titmuss me incomodava. Era um nome que me dava vontade de espirrar, e achei também que já o conhecia. Digitei-o no meu laptop, um procedimento que, nos últimos tempos, vinha me reservando um bocado de suspense. Entre os primeiros resultados da busca, estava uma página do GoodReads, um site de literatura. Continha este breve resumo de um romance do escritor britânico John Mortimer, *Paradise postponed*, ou "Paraíso adiado": "Clérigo ultraliberal, Simeon Simcox, pastor da aldeia de Rapstone Fanner, deixa toda a sua fortuna para Leslie Titmuss, político conservador e alpinista social".

Não telefonei para os Piper de imediato. Queria tratá-los com carinho, depois de saber da insensibilidade de Clark para com eles em 1998, sem que tivessem consciência disso. Mal-educado, o psicopata literário não tinha apenas brincado com o casal: zombara dele, atraindo-o para um jogo literário de tabuleiro cujas regras, objetivos, personagens e temas — em especial, o do conservador inescrupuloso que trapaceia o pastor — haviam sido definidos antes de sua entrada no jogo. Não era necessário fazer os Piper refletir sobre o fato de que o último casal no qual Clark havia se concentrado enquanto sonhava com uma herança titmussiana tinha sido vítima da mais severa das separações permanentes: o marido, embrulhado em sacolas plásticas de livraria atravessadas por três raízes, e a esposa, investigadores especulavam, jogada do alto da serpenteante rodovia montanhosa que liga o subúrbio de Los Angeles à vegetação rasteira e desértica que circunda Palmdale.

Eu passara por aquela estrada, a Angeles Crest Highway, poucas semanas antes, a caminho de uma muito adiada cerimônia em memória de John e Linda Sohus, organizada por familiares e amigos. Por acaso, a cerimônia foi realizada num parque a poucos quilômetros de onde começa a chamada Angeles Crest. Li o nome numa placa grande e de um estalo tomei a decisão de explorar um pouco o lugar, em parte para não ter de pensar na cerimônia, que teria início dali a meia hora. Sabia que ela me deprimiria. Os Sohus tinham morrido fazia muito tempo e, depois de viver uma vida tão circunscrita e com tão pouco dinheiro, eu sabia que haveria pouca gente lá para homenageá-los. Até porque era bem pequeno o número daqueles que os haviam conhecido. Esperava encontrar muitas cadeiras vazias, uma grande sobra de molho para salgadinhos e um bocado de ponche. Terminado meu passeio, eu descobriria que estava certo. O único amigo de John que vi foi o coronel Rayermann e seu emblema de *Jornada nas estrelas*. O coronel fez o discurso fúnebre mais triste que algum dia eu poderia imaginar ouvir. Ele se concentrou em toda a tecnologia de consumo que John, louco por ciência e por *Jornada nas estrelas*, teria adorado, mas não viveu para ver. Rayermann destacou o celular flip, porque se baseava no "comunicador" portátil de *Guerra nas estrelas* (uma versão de brinquedo foi posta à disposição dos enlutados em cima de uma mesa, para que pudessem vê-la e manuseá-la). John teria adorado aquilo. Teria adorado o iPhone também, por seu tamanho reduzido e poder de processamento. O coronel previu (se essa é a palavra para descrever um futuro que jamais aconteceria) que John teria inventado muitos aplicativos incríveis para ele. Aquele discurso baseado num "e se" produziu o efeito de uma viagem no tempo. Em vez de imaginar John vivo e se valendo dos dispositivos do presente, imaginei o progresso tecnológico se detendo no momento de sua morte, em 1985. Ou seja, imaginei John ainda vivo, mas num mundo sem celulares, laptops,

Google e todo o resto. Aquela visão de um mundo pouquíssimo conectado me encheu de uma sensação de paz, que me pareceu bastante real por poucos e passageiros minutos. Então veio a parte lúgubre da cerimônia. Nos bosques sombrios em torno do parque, um bando de coiotes começou a uivar. Seus queixumes, lamúrias e ganidos primordiais soavam como se procedentes de uma distância improvável, muito próximos, mais altos que a voz do coronel. Meu senso interior de direção histórica e localização temporal simplesmente parou de funcionar. Talvez os coiotes já tivessem celulares antes de nós. Talvez John estivesse por ali em alguma nave estelar. Talvez Clark fosse o demônio da Bíblia. Talvez aquela fosse a Califórnia de pouco antes de as placas tectônicas partirem-na feito um biscoito e todo mundo suspirar um "finalmente" e despencar fenda abaixo, com seus dispositivos eletrônicos e carteiras transbordando dos bolsos.

Contudo, antes de mergulhar naquela fantasia deslizante, avancei pela Angeles Crest Highway. Dirigia de olho na primeira curva de menos movimento, a primeira bem lá no alto, perto de um precipício, onde um homem levando um cadáver na carroceria de uma caminhonete pudesse se sentir seguro, dar uma ré na direção do abismo e despejar sua carga desengonçada ladeira abaixo, rumo aos pontudos grupos de iúcas e o chaparral estrepitoso e dilacerante. Cerca de cinco ou seis quilômetros adiante, as torres do centro da cidade haviam se transformado em colunas embaçadas, visíveis apenas entre uma e outra colina amarronzada, e comecei a ver a meu lado, na estrada, indícios daquele traço indolente e porcalhão que se acentua nas pessoas, e não apenas nas pessoas ruins, quando elas se sentem seguras, sem ninguém a observá-las e em lugares que aparentemente não pertencem a ninguém. Pelo acostamento viam-se sacolas transbordantes de fraldas usadas, embalagens vazias para meia dúzia de cervejas, roupas velhas enroladas e um monitor arrebentado de computador cuja tela era composta de cacos de vidro enfumaçado. Está em nós esse desejo rápido de jogar fora uma lata, uma embalagem de isopor ou uma guimba de cigarro no grande vazio sem consequências. O que os olhos não veem o coração não sente. Em Clark, porém, meu palpite era de que funcionava como uma diretiva central essa convicção infantil de que aquilo que é feito sem ninguém ver não conta. Para ele, o que estava debaixo da terra não existia mais. O que era feito a portas fechadas ou entre quatro paredes tampouco existia. Duas mentiras contraditórias contadas para duas pessoas diferentes eram, ambas e em igual medida, afirmações categóricas. Para a maioria das pessoas, esse modo de pensar termina na infância, quando mamãe descobre a comida que jogamos fora, o rabo do gato amarrado com elástico ou um pedaço visível do caminhãozinho do nosso irmão debaixo da nossa cama. Em Clark, pelo contrário, essa atitude tinha sido levada a uma perfeição doentia. Se o truque era planejado corretamente e executado com primor, o horror enterrado jamais viria à tona, a caixa lacrada jamais se abriria e os incautos jamais se encontrariam para trocar figurinhas. O mundo, da maneira como ele o via, era um mecanismo de ocultamento. Clark não carregava dentro de si o guarda incansável a que chamamos consciência, sociedade ou Deus. Vivia em dois modos, o aparente e o velado, e em dois reinos, o da ópera e o do esgoto, e transitava entre um e outro como um gênio da lâmpada.

Para Frank Girardot, que o visitou na prisão depois que parei de fazê-lo, ele contou a história de sua juventude na Baviera. Contou-lhe como, uma noite, esgueirou-se pelas ruas de sua cidadezinha para desmontar placas e sinais de trânsito, mais tarde remontados em outros pontos. Os motoristas locais ficaram desorientados por dias. Viravam onde não deviam, rumavam para a cidade errada, desaceleravam onde deviam acelerar e não conseguiam identificar a fonte de toda aquela confusão, até que Clark

— então Christian Gerhartsreiter — se cansou do infortúnio dos vizinhos e pôs as placas e sinais no devido lugar. Perguntei a Girardot, que visitara a cidade enquanto pesquisava para um livro sobre Clark (*Name Dropper*, um abrangente dossiê sobre o assassinato de Sohus), se ele tinha ouvido alguma coisa sobre o jovem trapaceiro ter sofrido algum tipo de abuso familiar, do tipo que os programas de TV norte-americanos e as autobiografias traumáticas costumam culpar pelo desenvolvimento desse tipo de delinquência. Não, pelo contrário, ele respondeu: tudo o que Clark contara sugeria, antes, que seus pais perdoavam e mimavam o filho levado. Se um vizinho raivoso os alertava sobre alguma travessura maldosa de Christian, eles apenas riam.

No "Relatório Shelby", o Christian adulto se excedeu, um exuberante fantasista com um propósito mascarado cuja meta me saltou aos olhos ao final da primeira leitura. As postagens se estendiam de meados de julho até o início de setembro, da chegada de Shelby a Nova York à declaração de Clark de que precisava deixar a cidade e se mudar para um lugar mais tranquilo, seguro e distante. As primeiras postagens são cuidadosamente mundanas, cheias de recriações dramáticas das "caçadas" matinais de Shelby e Yates aos esquilos do Central Park e complementadas por relatos clínicos do comportamento excretório de ambos. "Número pequeno de esquilos — ela só caçou dois. Fezes normais. Não conseguiu urinar depois de uma caminhada de uma hora, mas o fez tão logo chegamos à cozinha." Como os textos se dirigem apenas aos Piper e a um pequeno grupo anônimo de amantes dos setters, Clark documenta minuciosamente a transformação de Shelby de uma cadela lenta, presa a uma cadeira de rodas, a uma saltitante puro--sangue. Atribui a si próprio todo o mérito por essa recuperação; é o incansável *Herr Doktor*, incomparável analista fecal. "As fezes parecem normais, a urinação excessiva finalmente parou hoje. Administrei medicação para cartilagem e tireoide."

As postagens atingem o auge no começo de agosto, quando Clark considera a possibilidade de fazer uma revigorante excursão à baía de Penobscot, no estado de Maine. (Talvez para dar uma passadinha na loja de antiguidades de Titmuss?) Mary Piper registra por escrito sua alegria: "Adorei os detalhes!!!!!! Obrigada!". E acrescenta algum mexerico de Montana, contando-lhe que, alguns dias antes, não muito longe de Bozeman, tinha topado com uma mulher que talvez fosse prima de Clark, uma Rockefeller que usava o sobrenome do marido. Mundo pequeno! Pequeno demais para Clark. "Mentira!", ele responde e logo se põe a atacar a mulher com violência. Uma vez aprendida a lição, Mary busca reconciliar-se com ele, mas, ao fazê-lo, inadvertidamente desperta o lobo em Clark. Ela não só faz alusão ao dinheiro de sua família e a depredações passadas de seus vulneráveis entes queridos como pinta Montana como sítio excepcional para a caça e um excelente lugar para se entocar. "Desculpe-me ter mencionado a mulher. Ela não sabe que eu sei o sobrenome dela. Está escondida aqui, como muitas pessoas de sobrenomes famosos. Estamos seguros em Montana. Se eu tivesse ficado em Minneapolis, com certeza teria mantido meu sobrenome de solteira. A mãe de Harry foi sequestrada alguns anos atrás, pagamos resgate por ela. Ninguém esquece isso e o deixa em paz."

Se Mary não tivesse evitado a nova conhecida, a verdadeira Rockefeller que, discreta, morava em Montana, mas, em vez disso, houvesse perguntado a ela sobre seu "primo" de Nova York, talvez acabasse enviando caçadores de recompensas à cidade, os quais, saídos de detrás dos arbustos do Central Park, o teriam abordado e exigido que ele entregasse Shelby. Talvez tivesse também insistido mais para que ele colaborasse com um repórter que desejava nomeá-lo numa matéria sobre a nova vida de Cinderela da cadelinha. Clark promete que vai pensar no assunto. De súbito, porém, eclode um escândalo familiar que o faz querer resguardar seu sobrenome. "Horror dos horrores!", ele escreve, revelando a seguir a terrível mácula: uma ovelha negra de seu nobre clã posou de cueca para um anúncio de revista! Conforme o mês de agosto avança em Manhattan, o tom do "relatório" se torna mais mal-humorado, volátil, perigosamente imaturo. Sente-se o desabrochar acelerado de uma semente ruim. Episódios cotidianos, desimportantes, mas que soam a meras invencionices, são mal e porcamente transformados em fábulas tolas de confrontação, evasão e vingança. Numa bela manhã de terça-feira no Sheep Meadow do Central Park, um esquilo ferido cai de uma árvore, fica tonto por alguns instantes e, em seguida, corre em direção aos cachorros de Clark. O ousado avanço frontal do roedor os assusta. Shelby tenta atacá-lo e destrói a cadeira de rodas. O esquilo audacioso se safa, sobe de volta pelo tronco da árvore até seu poleiro original e, então, como se a sacudir os punhozinhos minúsculos para os dois palermas bem menos espertos, faz chover sobre a cabeça deles um punhado de pequenas nozes. Que impertinência! Mas o conto de fadas "real" segue adiante, porque toda criança bem-educada sabe o que sucede ao orgulho. *Ploft!* O esquilo despenca de novo da árvore, os setters se eriçam, e o bichinho (o rei dos esquilos?) torna a atacá-los, alcançando um segundo triunfo. Esse combate no parque é ardilosamente irritante. Quer se baseie ou não em fatos reais, trata-se da desajeitada versão de Clark para Esopo e A. A. Milne, embora com uma pitada sem-vergonha de *Os três patetas*.

Em meados de agosto, um mês apenas depois da chegada de Shelby, o "relatório" começa de fato a ferver e borbulhar. Em seu caldo, sente-se um leve gosto sulfúreo de Edgar Allan Poe. Os dois cães brigam sem motivo nenhum. Shelby captura um passarinho e, com uma "expressão de júbilo", depõe seu corpo maltratado e disforme aos pés do dono. Depois, apanha-o de volta para torturá-lo ainda mais. Já caminhando sem ajuda, ela não demonstra nenhuma misericórdia para com os aleijados. Dias mais tarde, ataca um "filhote mestiço de corgi" que corre livremente pelo parque, apesar das sanções impostas por "nosso prefeito nazista", a quem Clark, em outra postagem, se refere como "Adolf", em vez de Rudolph, Giuliani. O lapso zombeteiro é duplamente falso, porque, sem dúvida, também foi roubado.

Agosto, fétido e interminável agosto. Uma praga de origem desconhecida assola a Casa de Rockefeller. Para Clark, os primeiros sintomas são dor de garganta, pulmões encharcados, tosse e torpor mental. Um dia, retornando do passeio com os cães, descobre uma erupção no peito, uma mancha avermelhada. Ao que tudo indica, em seu estado de entorpecimento mental, ele anda vestindo sua camiseta polo do avesso — o jacaré da marca irritou-lhe a pele. Os cachorros reagem a essa atmosfera insalubre com "episódios aleatórios de agressão". Em um deles, Shelby, assolada por uma diarreia crônica, pula para cima de Yates e morde seu pescoço. Logo depois, Yates morde a perna do dono. Clark começa a negligenciar seu trabalho. Os países endividados do Terceiro Mundo, que ele tem labutado para manter à tona, vão precisar remar com mais vigor ou aprender a nadar.

À medida que Shelby piora e perde seus pelos sedosos aos tufos, Clark, desesperado, procura ajuda externa. Convoca seu tosador favorito, "um profissional milagroso", portador de um nome pouquíssimo convencional e de uma fisionomia andrógina única. O nome é 123, abreviatura de sua identificação legal, ou seja, de seu número do seguro social. Sua singularidade física é um órgão sexual adicional, que o tosador havia mandado afixar cirurgicamente ao corpo — é isso mesmo, *afixar*, e não esculpir a partir da própria carne. De início, a postagem me fez parar de ler o "relatório" de imediato. Que diabo era aquilo? Clark se estende sobre a vida pansexual do tosador, fascinado com aquela quimera provinda de sua mente. Se aquilo era um modo de revelar aos Piper e aos amantes de setters que ele era gay ou bissexual, com certeza havia maneiras mais simples e menos grotescas de fazê-lo. Por que, então, escolher esse caminho? Cocei o queixo, mas não por muito tempo. Ele está dizendo a verdade sobre si próprio, ou pelo menos sobre como se vê. É uma sequência de dígitos, e não um ser humano. E seu pênis (de fato, o único órgão sexual que, hipoteticamente, pode ser "afixado" ao corpo) é como se fosse uma peça removida de outra pessoa e costurada nele.

No dia 15 de agosto, Clark introduz novo e fatídico tema em seu "relatório": sua coleção de arte moderna. Ele se pergunta se aquelas obras estão de alguma forma ligadas à piora na saúde dos cães, aos olhos cheios de muco e aos surtos de náusea. Nota que eles quase sempre vomitam diante de um novo Motherwell. Seriam alérgicos à tinta utilizada pelo expressionista abstrato? A especulação absurda fez com que, nesse ponto, eu afastasse a cadeira de minha mesa, convencido de que ele estava tramando alguma coisa, e não apenas conjeturando e escrevendo besteiras por pura diversão. Não sei que leitores ele pensava ter, além dos Piper, mas era óbvio que seu plano era ludibriá-los. Queria que eles pensassem naquelas pinturas, queria que as visualizassem mentalmente. Chega mesmo a nomear o Motherwell: *Elegia à República espanhola*. Estaria fazendo propaganda da falsificação para poder vendê-la? Se faz mal aos cães, com certeza ele não pode ficar com ela. E aquele tom de Hercule Poirot? Seu papel é anunciar que o "relatório" tem um enredo e que Clark vai se ater a ele.

É o que ele faz durante todo o restante de agosto: converte seu "Relatório Shelby" numa espécie de suspense médico. No meio dessa investigação, dá uma guinada na direção de um estranho episódio, uma guinada cujo caráter claramente surpreendente sugere ter sido premeditada, mas com que propósito? Clark menciona um cachorrinho empalhado que Shelby e Yates adoram maltratar. Segue falando a esmo sobre o brinquedo, sem chegar a parte alguma: mera tagarelice. O brinquedo não tem cérebro, comenta. (É claro que não. E daí?) Mas seus setters têm. (Sim, e daí?) Então, do nada, ele tira uma conclusão, à qual parece ter chegado por acaso. É uma conclusão assustadora, de gelar a espinha: "Acho que qualquer um que tenha cérebro", especula, "pode facilmente maltratar alguém que não tenha, porque, se você não tem cérebro, jamais vai saber em que medida está sendo maltratado".

Em agosto de 1998, os leitores do "Relatório Shelby" não tinham como saber que aquela observação casual era uma defesa doutrinária do assassinato, uma espécie de confissão filosófica feita por um criminoso versado na arte — um criminoso extremamente versado e lido, que, com efeito, considerava o assassinato uma arte. Posso imaginar Clark digitando a postagem em seu computador: a postura corretíssima do escolar sentado em sua carteira, o sorrisinho vil, os calcanhares nus cruzados e raspando um no outro. Ele apaga e edita o texto, remexe na sintaxe, em busca de um tom a um só tempo natural e conciso, relaxado e contrapontístico. Seu ideal é o sinistro subliminar, como um mordomo decantando vinho do Porto com a mão direita lanhada por arranhões, ou a musiquinha do sorveteiro ouvida ao longe num funeral, ou uma luva preta de couro na grama, ao lado do balanço das crianças. Está sozinho em casa. A esposa está no trabalho, ganhando o pão de cada dia, assim como todo o resto da humanidade, labutando sem cérebro. Ninguém sabe quem ele é, o que fez ou o que está dizendo às pessoas (sem o dizer com todas as letras) acerca do que fez, como Raskólhnikov em *Crime e castigo* (e quantas vezes deve ter estudado esse livro!). Os tolos. Os idiotas. Imagino os dois cães a seu lado, enquanto ele entretém esses pensamentos, e penso que sei por que gosta de tê-los ali: porque é mais inteligente que eles, porque são cachorros. Clark pode enfiar seus pensamentos na cabeça deles; eles, porém, não são capazes de lhe incutir um único pensamento. Nem podem adivinhar o que lhe vai pela cabeça. A maior parte das pessoas tampouco pode fazê-lo, mas a maioria delas não se disporia a ficar deitada ali, a seu lado, lembrando-o a cada instante, a cada ganido, a cada coçada involuntária ou a cada ato de ignorância canina de que ele é mestre e senhor, de que é Merlin, de que é o sr. Ripley. Fora de casa, em meio às pessoas, ele dá provas constantes disso, mas gosta de ser dominado por essa sensação dentro de casa também.

Sentado ali, ao escrever sobre seus cachorros, ele está na verdade escrevendo sobre outras coisas. Está transformando episódios abomináveis e secretos em histórias bonitinhas que possam ser contadas à mesa do jantar. Imagina meios de dizer a verdade de modo que ela soe inventada, bombástica, bajulatória, a patacoada habitual típica de Clark. Está, igualmente, inventando coisas que possam soar verdadeiras, pelo menos para pessoas sem cérebro, como eu em 1998. Eu tinha cérebro naquela época? Creio que sim. Com efeito, creio mesmo que tinha um cérebro muito bem desenvolvido, um cérebro que tinha estudado em Princeton e Oxford, que havia escrito romances, que tinha juntado material bruto de inúmeros correspondentes para compor respeitáveis matérias de capa para a *New Yorker*. Então por que esse meu cérebro não funcionou? Pela última vez, por quê?

Conforme eu avançava rumo às últimas postagens, o "Relatório Shelby" me conduzia na direção dessa descoberta. Eu podia senti-lo. Ela se avizinhava como um resfriado ou uma febre. Iria ser um daqueles "momentos Perry Mason" sobre os quais experimentados repórteres fazem piada nos tribunais, insistindo em que eles jamais acontecem. Ao longo do julgamento de Clark (e aposto que na maioria dos julgamentos em que o crime ainda retém um elemento de mistério), todo dia, ou dia sim, dia não, eu ouvia alguém dizer: "Isto aqui não é Perry Mason". O significado disso era que não haveria guinadas dramáticas, que estávamos em Los Angeles, e não em Hollywood. Significava que uma testemunha-chave da acusação, apesar de varrer a sala nervosamente com os olhos, não iria cair em alguma armadilha da defesa e admitir que ele e Clark tinham sido amantes, que Clark o abandonara e que seu testemunho tinha sido só uma mentira vingativa. Significava, acima de tudo, que a velha e pesada senhora sentada quieta na última fila — aquela que todos achavam que estava ali porque seu aparelho de TV ou de ar-condicionado estava quebrado — não iria tirar a longa peruca grisalha e surpreender a todos com sua verdadeira identidade: Linda Sohus, viva, o unicórnio assassino!

Pouco importava o que os outros pensavam. Eu sabia que tais desmascaramentos e reviravoltas eram possíveis. Já havia vivido alguns deles. Afinal, certa vez tivera um amigo, um sujeito excêntrico e rico que me mostrou seus Rothkos e me levou a seu clube. Anos se passaram. Visitei sua mansão, segurei sua mão enquanto ele passava por um divórcio e, um dia, ligo a TV e lá está ele no noticiário. Não era ninguém que eu conhecia.

Agora, porém, conheço-o melhor.

Final de agosto de 1998. O "Relatório Shelby" caminha para seu clímax. Por que a pobre setter segue piorando? Por que ela mal consegue respirar no apartamento? "Não consigo imaginar o que a está incomodando", Clark escreve. "Se alguém tiver alguma ideia de como resolver esse mistério, por favor, me diga." A essa altura, é claro, seus leitores já sabem a resposta, só estão à espera de que ele chegue a ela: por alguma razão, as pinturas estão envenenando os cães. E, de fato, depois de uma rápida viagem a Maine, onde os sintomas prontamente desaparecem, Clark resolve o enigma. O alérgeno é o óleo de linhaça, a base da tinta em cada um dos quadros de sua propriedade!

Trata-se de uma péssima notícia, Clark informa a seus leitores (embora apenas os Piper tenham algum motivo para preocupação, uma vez que puseram sua querida Shelby nas mãos dele). Os quadros são tão grandes que é impossível movê-los, até mesmo de um cômodo a outro. Só resta uma solução, ele conclui: ele e Shelby precisam partir de imediato, e não apenas do apartamento, mas para longe, muito longe. Precisam deixar a cidade! Parece uma decisão bastante apressada, uma reação descabida e exagerada àquela alergia ao expressionismo abstrato, e essa é provavelmente a razão pela qual ele acentua o horror: precisa justificar sua fuga da metrópole. Dois episódios sombrios ocorrem num mesmo dia. Um caminhão do Departamento de Parques atropela um cachorro a sangue-frio, enquanto Clark assiste à cena, horrorizado e sem poder fazer nada. "FOI DE PROPÓSITO", escreve ele. Depois — ou talvez tenha sido antes, a postagem é confusa nesse ponto —, um criminoso qualquer o ameaça com uma faca. Nova York tornou-se um "inferno", ele lamenta. Pior: a vida de Shelby continua em perigo. (Clark a faz cheirar óleo de linhaça para testar sua teoria, e infelizmente a hipótese se verifica, confirmada por esse método científico.) O que acontecerá a seguir a esse homem e sua cadela? Depois de Nova York, para onde irão neste mundo?

Clark deixa as coisas assim. No dia 3 de setembro de 1998, despede-se de seus leitores e dá por encerrado o "Relatório Shelby", depois de menos de dois meses. "Sigam rezando por nós, por favor", escreve.

Então, apenas cinco dias mais tarde, em 8 de setembro, envia um e-mail pessoal aos Piper, Harry e Mary, a reverenda e o herdeiro. A mensagem consta do pacote que eles me mandaram, anexada bem ao final, justamente onde se esperaria encontrá-la em *Perry Mason*. Nela, Clark informa que receia estar próximo de um colapso nervoso. Ele os vem enganando desde o começo do verão, de forma assídua, paciente, oblíqua — de início, com a ajuda do fictício Leslie Titmuss; depois, com o auxílio (ou o emprego) da angelical Shelby. Ao longo desse tempo, tem me ligado também, embora sem mencionar uma única palavra sobre o "Relatório Shelby", o que é estranho, porque eu teoricamente teria interesse nele, uma vez que fui eu o dócil excêntrico que atravessou os Estados Unidos de carro e avião para levar a cadela a Nova York. Fiz isso, em parte, como um favor aos Piper, que, por seu turno, entraram em contato comigo para fazer um favor a Clark. No outono de 1998, ele escreve ao casal para lhes pedir outro favor. Ao que parece, não serão eles a lhe fazer esse favor, e sim eu, a pessoa a quem, da última vez, os Piper convenceram a ajudá-lo, a única pessoa que pode dar a Clark o que ele afirma necessitar desesperadamente.

O e-mail é bastante claro quanto a essa necessidade. Ele precisa de um lugar para ficar em Montana. Uma casa para morar. Um lugar tranquilo onde possa escrever seus livros baseados em *Jornada nas estrelas*. Um lugar para terminar suas "releituras de Constance Garnett". Os Piper, que nada sabiam sobre Leslie Titmuss, talvez não conhecessem Constance Garnett, mas eu escrevo romances e, com certeza, sei quem é. Trata-se da tradutora dos clássicos russos, incluindo Dostoiévski. Ou seja, se leio corretamente os pensamentos de Clark, ele planeja para setembro de 1998 fazer um ligeiro retoque em *Crime e castigo*. Talvez queira personalizar a narrativa de alguma maneira. Isto é, assim que encontrar um lugar para morar e trabalhar. Por isso, pede aos Piper que fiquem de olho em "um quartinho mobiliado em cima de alguma garagem, numa fazenda em atividade que aceite cachorros […]. Quanto menor, melhor, provavelmente. Um cômodo pequeno já me basta".

Eu tinha um lugar assim em 1998 — exatamente assim. E Clark sabia disso, porque falava comigo à época. Os Piper é que talvez não soubessem pois nunca visitaram minha fazenda com garagem, em plena atividade e cheia de cachorros. É possível que essa tenha sido a razão pela qual jamais pensaram em falar comigo a respeito daquele pequeno desejo de Clark. De todo modo, pode ser que eu nem tivesse respondido. Estava revisando meu romance tantas vezes rejeitado e me preparando para ter um filho. Passei aquele outono na fazenda, enterrado ali, entocado, e fazendo o que cabe a um escritor e marido fazer: trabalhar, se preocupar e prover o sustento da família. Mais adiante, no inverno, Clark falou, sim, em me visitar (mencionou isso de passagem, e entendi que seria uma visita breve), só que a poucas semanas do parto, motivo pelo qual eu lhe disse não. Se os Piper — que eram pessoas doces, pelas quais eu nutria verdadeira admiração — tivessem intercedido em favor dele, talvez eu tivesse cedido. Poderia tê-lo abrigado por um curto período, duas ou três semanas, enquanto ele procurava um lugar para morar. Mas ele não teria procurado lugar nenhum, e eu talvez não o obrigasse a fazê-lo; além disso, Maggie — uma salvadora de animais, como Mary — teria se derretido com Shelby. Sei bem que é o que aconteceria. Como eu teria lidado com essa situação? Talvez vendesse a Clark um cantinho da fazenda, tendo em vista que estava mesmo pensando em abrir mão de alguns hectares. O dinheiro andava curto, minhas obrigações se amontoavam e duzentos hectares, se divididos corretamente, podem acomodar um vizinho que nunca será preciso ver, bem como uma casa ou cabana para a qual nunca se vai precisar olhar. Se isso tivesse acontecido, talvez Clark ainda estivesse morando lá. Montana, como os Piper haviam lhe dito com razão, é um ótimo esconderijo, e ele precisava de um.

Eu, porém, talvez já não estivesse ali com ele. Talvez não estivesse em parte alguma. Clark, que sempre quis ser escritor, embora carecesse do soro literário essencial para tanto — que não está no cérebro, e sim no sangue —, podia estar em busca de uma nova metamorfose. Se uns poucos golpes certeiros no crânio de John Sohus podiam lhe render maestria no tocante a *Jornada nas estrelas*; se uma pancada de remo em Dickie Greenleaf era capaz de transformar Tom Ripley num bon-vivant; se enfiar um formão na cabeça de um escolar podia alçar Leopold e Loeb à condição de *Übermenschen*, então talvez Clark pudesse encontrar um jeito de, numa noite qualquer, depois de labutar o dia inteiro em minha garagem na tradução de *Crime e castigo*, se transformar de um só golpe em escritor. Ele era capaz de reconhecer uma vítima perfeita quando a via, e eu já me sacrificara por ele antes.

18.

Na sala do tribunal, que era como um set de filmagem — alternando períodos de extrema organização com momentos informais, a seriedade do trabalho com conversa fiada —, um tema sempre presente nos papos à toa era: Clark havia cometido outros crimes? Não havia indícios disso, mas hoje em dia todo mundo é criminologista amador, com fartos conhecimentos adquiridos pela TV sobre (supostos) diferentes tipos de homicidas, um conhecimento que no passado era restrito aos especialistas. O assassino comum, aprenderam os norte-americanos, é um narcisista impulsivo que, quando embriagado ou submetido a estresse, sofre uma ruptura emocional e ataca. O assassino em série carece da capacidade de empatia e tende a evoluir em estágios bem conhecidos: de início, põe fogo em coisas e maltrata animais, até que, mais adiante, acaba por cometer um assassinato, o que o faz se sentir poderoso e no comando. Clark era um desses assassinos?, as pessoas se perguntavam. Ele com certeza se parecia com um, tinha o jeito de um assassino em série. No entanto, se era, por que parou tão cedo, depois de apenas uma ou duas vítimas? Aquele não era o padrão. Não se encaixava no modelo.

Após o julgamento, quando eu enfim fiquei sabendo de sua busca por um local de hospedagem ou por uma fazenda, ele me pareceu se encaixar melhor no papel. Sua avidez por "jogar duro" com gente que entendia ser desprovida de cérebro não o havia abandonado, ao que tudo indicava; mas se organizar para conseguir praticar seus "jogos" era complicado, um problema desanimador para alguém que legalmente não existia e que vinha se escondendo das autoridades fazia tempo. Clark não podia abrir uma conta bancária ou apresentar um documento de identificação para uma companhia aérea. Não podia nem sequer se arriscar a tomar uma multa de trânsito. Quando fugiu com Snooks para Baltimore, estou convencido, seu plano era pegar um barco ou navio — despachado, talvez, por seu amigo no Peru, que aparentemente havia fundado uma empresa de transportes marítimos, depois de deixar o mundo da arte — e sair dos Estados Unidos por mar. O velho catamarã que ele comprara na certa seria encontrado no oceano, provavelmente afundando e à deriva, a fim de causar a impressão de que ele e Snooks tinham se afogado. A caçada estaria terminada.

Mas uma noite, então, sentado a minha mesa, enquanto lia os documentos que os Piper tinham me enviado, fui me convencendo de que Clark havia matado de novo e de que eu conhecia a vítima pessoalmente. Ele a escolheu bem. Era alguém que confiava nas pessoas, que podia ser manipulada com facilidade e que, tanto social como mentalmente, era inferior a ele, o que Clark tinha como saber com base em seu velho teste: ela o considerava um amigo.

Minha primeira pista foi o "Relatório Shelby". O amor de Clark por seus cães parecia histriônico, tão falso como tudo nele, e o modo como explorava as supostas crises e os espasmos de violência dos cachorros, empregados em prol de uma emoção bolorenta, de risadas baratas e de suspirante admiração (que coisa adorável deixar os cães lamber os quadros, e que principesco ter tantos que ele podia permanecer tranquilo quando vomitavam nas pinturas), tinha um aspecto gélido e teatral. Quanto ele se aproveitara dos pobres Piper com toda essa patacoada melodramática!

— Mary — eu disse, quando finalmente decidi compartilhar com ela minhas conclusões acerca do tratamento que Clark dispensara a ela e a Harry. — Eu procurei aquele Leslie Titmuss que é mencionado nos e-mails.

Tão logo disse isso, desejei não ter ligado para ela. Pude ver a sombra que recobria minha motivação. Estava tentando me exibir, me gabar de minha perspicácia criptográfica. Mas já tinha ligado e, portanto, fui até o fim:

— Titmuss é personagem de um romance. Era um truque.

— Não me surpreende — disse ela.

Sua voz, porém, exprimia decepção. Talvez isso se devesse ao fato de ela ser pastora: se, por um lado, permanecia esperançosa mesmo em relação aos piores de nós, por outro, uma má notícia relativa a uma só alma valia para todas elas.

Em seguida, Mary repetiu a história que eu ouvira de Clark: Shelby tinha sido atropelada por um carro. Perguntei por que aquilo seria verdade, e ela me contou sobre uma visita à casa de Clark em Cornish, em novembro ou dezembro de 2000. Sua descrição do fim de semana lembrou-me do tempo que passei lá — o mesmo quarto gelado, a mesma escassez de comida —, a não ser pelo fato de que os Piper chegaram bem mais perto de conhecer J. D. Salinger: foram até a casa dele, ou até a casa que Clark afirmava ser dele. Ele bateu na porta, enquanto os Piper, mais atrás, esperavam. Ninguém atendeu, disse Mary. A lembrança que ela tinha era de um fim de semana fantasmagórico e desconfortável, exceto pelo prazer de rever Shelby. A cadela parecia saudável e andava sem a ajuda da cadeira de rodas. Os Piper a viram correr e brincar pelo amplo relvado de Clark.

Uma ou duas semanas depois, o telefone tocou. Shelby tinha sido atropelada. A voz de Clark soou aflita: "Estou arrasado, simplesmente arrasado", lamentou-se.

— Isso pode parecer estranho, mas tenho de perguntar — eu disse a Mary. — Clark pediu alguma coisa antes de vocês irem embora? Algum tipo de favor?

Mary disse que não, contudo teve um estalo: na verdade, ele tinha, sim, pedido ajuda a Harry. Queria que Harry escrevesse uma carta para o comitê de admissão do Lotos Club, dando apoio à candidatura de Clark como membro.

— O estranho — ela completou — é que Harry não é membro do clube. Acho que Clark superestimou a influência dele.

— Mas Harry concordou em escrever a carta?

— Concordou — ela confirmou.

— E então, não muito tempo depois de ele ter concordado, Clark ligou para dizer que Shelby tinha morrido?

— Se você está dizendo o que acho que está, isso é um pouco demais para mim neste momento — Mary respondeu.

Se o que ela pensou que eu estava dizendo era provável, possível, impossível, ridículo ou pura maldade de minha parte até mesmo sugerir, isso não sei dizer, e não pretendia perguntar.

A última vez que vi Clark foi na sala vazia do tribunal do juiz Lomeli, sem ninguém a nos observar, a não ser Lincoln e Washington. Durante o julgamento, eu usara os retratos de ambos para reajustar o foco do meu olhar, uma prática de que me valia para espantar dores de cabeça. Lincoln estava sentado, o punho erguido sob o queixo. Ele era o pensador, uma natureza inclinada ao ceticismo. Washington estava de pé, a cara redonda, o peito largo, como se no topo de uma colina recém-conquistada. Era o herói, dado a dores secretas nas costas. A bandeira dos Estados Unidos a um canto pendia na vertical, sem vigor, exausta. Naquele dia, Clark havia sido sentenciado a prisão perpétua sem direito a liberdade condicional. Atuara como seu próprio advogado e atuara mal. Abriu sua fala pedindo para ler uma petição que havia redigido, um feixe esfarrapado de papéis que ele carregou para dentro da sala como ladrões de banco em fuga carregam dinheiro — mas só no cinema, tenho certeza: apertando contra o peito maços escorregadios de cédulas. O juiz rejeitou seu pedido para nos enfeitiçar, e Clark pareceu ainda mais arrasado com essa recusa do que com a sentença que ouvira. Para nos magoar a todos, retirou o pedido, privando-nos de ouvir a petição que, pude ver, tinha sido escrita a lápis. O juiz anunciou, então, que repórteres interessados em entrevistar Clark poderiam fazê-lo em particular, um de cada vez.

— Não confio em você. Você me traiu — ele me disse, quando, duas ou três horas mais tarde, me sentei à mesa da defesa.

O funcionário do tribunal havia esvaziado a sala, e os repórteres em fila à minha frente já tinham terminado seu trabalho e ido embora. Clark ouvira dizer que eu estava escrevendo sobre ele. Pessoalmente, eu nunca lhe disse isso.

— Também não confio em você — eu disse, quando ele se cansou de me recriminar.

Era a resposta perfeita, e a única. Seu rosto parecia ter se apagado, estava cansado e indistinto como um documento fotocopiado vezes demais. Só se via alguma vivacidade em torno da boca. Eu continuei:

— Escute, sinto muito que você se sinta traído, mas estou escrevendo a seu respeito porque essa é a minha profissão. Sou escritor. Você sempre soube disso. E é um ser humano fascinante.

— Não sou não, de jeito nenhum — ele respondeu.

Não era humano? Por um instante, era o que eu tinha entendido, e teria sido uma bela piada, ainda que improvável para alguém que desconhecia toda e qualquer forma de autoironia, que ele tampouco era capaz de perceber, quando outros se valiam dela. Aquilo era algo que eu havia notado nele logo cedo, sempre que eu tirava sarro de mim mesmo por alguma bobagem ou falta menor que havia cometido. Ele simplesmente ficava me olhando, à espera do fim da história. Eram lapsos que ocorriam com ele.

— O que aconteceu com Shelby, afinal? — perguntei. — Sei que ela morreu, mas o que aconteceu de fato?

Fingi esquecimento, um ar ausente como se, recentemente, tivesse começado a envelhecer.

— Foi atropelada por um carro — ele disse. — Ele passou por cima dela.

— Quando?

— Em 2000, 2001, por aí. Posso dizer quem foi. O nome dele é Peter Burling, um senador. Do Senado estadual, não do federal. Pode perguntar a ele. Foi quem atropelou Shelby. Peter Burling.

Ele forçou as algemas que o prendiam à cadeira. Era seu modo de dizer que escreveria o nome para mim, se tudo aquilo — o julgamento, a cadeia, Los Angeles, a sociedade, a moral, a má sorte, as equipes de trabalhadores escavando a terra, a durabilidade dos ossos, as pessoas burras, a Alemanha humilhada, os filmes em preto e branco, os livros cheios de suspense, as viagens para além das estrelas, Jeová, um homem de bigode, as ex-esposas e namoradas e o aço — não o impedisse de mover seus braços tolos.

Três ou quatro dias depois, liguei para a casa de Peter Burling, em Cornish. Ele me disse que havia lido minha matéria sobre o julgamento, que tinha gostado dela e que ficava feliz de poder me ajudar. Contou-me a história toda. E começou reconhecendo que Clark o repugnava, mas explicou por quê. Quando Clark se mudara para Cornish, em 1999, Burling era pessoa influente na cidadezinha, um líder municipal importante. Clark, porém, parecia ressentir-se disso e ter inveja dele, Burling me contou. Um exemplo: Burling fora proprietário de uma igreja local — uma velha capela episcopal, uma construção histórica — e, quando tentou doá-la à cidade, Clark pagou ao município para ficar com ela. Em outro exemplo de uma atitude de força, ele tentara fechar a via pública que passava ao lado de sua casa para usá-la como entrada particular. Segundo Burling, ele queria tanto prejudicá-lo que, certa vez, tentara subornar uma governanta para que ela roubasse documentos particulares. Ele acreditava que o próprio Clark era ladrão, que entrava nas casas destrancadas dos vizinhos com o pretexto de lhes presentear com mel silvestre. Um sujeito egoísta, cheio de segredos e maldoso. Não o surpreendia que o houvesse acusado de ter atropelado o cachorro. A verdade, de acordo com Burling, era que não houvera atropelamento nenhum. E ele sabia disso porque ele próprio e uma vizinha encontraram o corpo da cadela, disse-me. Shelby jazia serena, de lado, no local exato em que a entrada de veículos de Clark desembocava na rua. Não havia sangue nem membros quebrados. Os pelos estavam em ordem.

— Não tinha indício de nenhum tipo de trauma. Achei que ela talvez tivesse tido um ataque do coração.

— É possível que tenha sido envenenada?

— Talvez — respondeu Burling. — Tudo o que sei é que ela não foi atropelada. Era como se tivesse acabado de se deitar para dormir.

Burling se desculpou, pois tinha um compromisso, e nós nos despedimos. Fiquei sentado à minha mesa por algum tempo, pensando. Shelby havia sido encontrada na interseção da entrada para a casa de Clark com a rua. A rua que ele quisera interditar? A rua que ele achava que comprometia sua privacidade? A rua que a cidade se recusou a lhe entregar e que ele, então, culpou pela morte de sua preciosa cachorrinha? Escrevi para Burling para perguntar se a disputa pela rua estava no ápice quando Shelby morreu. Ele respondeu prontamente e de um modo um tanto formal: "Platt Road", dizia seu e-mail, "é o local em que o corpo da cachorra foi encontrado, e a conversa sobre interditar a rua se deu à época da morte da pobre cadela."

Clark fizera bom uso de sua setter. Retratar-se como o salvador da cadela o havia ajudado a conseguir a carta de Harry Piper que o recomendava ao Lotos Club. E matá-la em seguida — como eu estava quase certo de que ele havia feito — corroborava sua argumentação para que interditassem uma via pública que o incomodava e que ele achava que deveria ser sua.

Mas talvez ele tivesse tido outro motivo. Ou dez motivos diferentes, porque não lhe faltavam motivos para matar. Matava para tomar dos outros, para humilhar, para ganhar, para zombar, para silenciar, para suplantar, para não se entediar, para criar outra ausência, a fim de não ter de se haver com a sua própria. Os motivos não tinham fim, porém um único deles era um supermotivo: tirar vantagem ou se livrar de uma desvantagem. Esse era também o motivo que ele tinha para mentir, embora mentir fosse coisa mais rápida, mais limpa, bem menos cansativa. Não precisava talhar, serrar, cavar, esfregar o chão. Clark devia odiar tamanha trabalheira física aviltante, e não há indícios de que tenha algum dia se sujeitado a ela, a não ser uma ou duas vezes. As mentiras, que são pequenos assassinatos, faziam mais seu estilo. Grandes assassinatos, ele havia aprendido da maneira mais difícil, talvez fossem muito trabalho para nada.

É verdade que ele era versado na arte da mentira, e tentou atingir a mesma maestria como assassino, mas não era um artista de verdade e sabia disso. Nem mesmo no palco. Seu refinamento não passava de simulação. Não era um falsificador de fato, apenas um colecionador de falsificações. Nunca tinha traduzido nada, apenas pretendia-se "corretor" das traduções dos outros, feitas de línguas que nem sequer conhecia. Então, o que era, afinal? Esse era o seu problema: trabalhava numa forma que não existia.

De volta ao 1985 fictício (ou seja, a 2013, quando Clark inventou essa "lembrança") e a seu encontro fabuloso com o grande Robert Wise, ele próprio se autodiagnosticou tão bem quanto possível a um ser humano. "Você é esforçado, mas não tem nenhum talento", o famoso diretor de cinema teria dito a ele. Tenho certeza de que Clark acreditava nisso, que essa era a verdadeira imagem que tinha de si mesmo.

Depois de ter sido sentenciado, ele me disse que sempre quisera escrever, e de fato tinha escrito — no computador, histórias de cachorros, ou, a lápis, um romance de uma extensão inacreditável —, contudo nunca havia tido um público. Imagino que isso o deixasse na companhia apenas dos idiotas e de suas próprias vítimas, um tipo de público cativo que não tem consciência de seu papel ou de sua servidão. E dos cachorros, é claro, que constituem público semelhante. E tinha a mim também. Eu era parte de seu público, ele pensava. Mas, na realidade, representei a maior parte do tempo. Ele estava me ludibriando, só que eu também o ludibriava. Eu, o mentiroso, o assassino e sabe-se lá o que mais era correto dizer do escritor: eu o traí.

Na sala vazia do tribunal, depois de lida a sentença — a última vez nesta vida que eu me sentaria com meu velho amigo, apenas alguns minutos antes que o guarda viesse desatrelá-lo da cadeira para guiá-lo pelo ombro porta afora —, perguntei a Clark sobre o outro cachorro, Yates. Meu estoque de perguntas estava no fim e meu interesse já se acabara. Mentirosos são muito cansativos. Conversar com Clark estava me envelhecendo e me exaurindo. Todas as minhas perguntas extraíam a mesma resposta dele, só que formuladas de diferentes maneiras. Sua malignidade consistia no apetite prodigioso e devorador que tinha pela vitalidade e pelo tempo dos outros, de que ele dava cabo com palavras, palavras e mais palavras. Clark adorava falar, porém não tinha muito a dizer, nada que fosse seu, o que decerto era outro motivo pelo qual mentia, plagiava mentiras e reciclava velhas mentiras. Ele tinha dez mil formas diferentes de não dizer nada. Eu me sentia como se já tivesse ouvido todas elas.

— O que aconteceu com Yates? — perguntei.

— Ah, a mesma história — ele disse, porque com ele a história era sempre a mesma. — De todo modo, já estava velho. Mas também foi atropelado. Foi muito triste.

Agradecimentos

Obrigado a Robert Weil, Eric Simonoff, Henry Finder, Frank Girardot, James Ellroy, Will Dana, Frank Foer, Michael Lustig, Curtis Cooke, William Menaker e à CBS News. Vocês tentaram me manter no caminho certo e, em geral, conseguiram. Um agradecimento especial a Harry e Mary Piper, por terem se mostrado vulneráveis a mim depois de terem sido tão terrivelmente enganados por ele. E todo o meu amor e a minha gratidão a Maisie e Charlie Kirn, que não pediram para ser filhos de um escritor, mas, seja como for, estão se saindo maravilhosamente bem.

ESTA OBRA FOI COMPOSTA PELA SPRESS EM MINION E IMPRESSA EM OFSETE
PELA PROL EDITORA GRÁFICA SOBRE PAPEL PÓLEN SOFT DA SUZANO PAPEL E
CELULOSE PARA A EDITORA SCHWARCZ EM MAIO DE 2015

A marca FSC® é a garantia de que a madeira utilizada na fabricação do papel deste livro provém de florestas que foram gerenciadas de maneira ambientalmente correta, socialmente justa e economicamente viável, além de outras fontes de origem controlada.